Caroline Allard   Iris

POUR EN FINIR AVEC LE SEXE

H
hamac-carnets

Les éditions du Septentrion remercient le Conseil des Arts du Canada et la Société de développement des entreprises culturelles du Québec (SODEC) pour le soutien accordé à leur programme d'édition, ainsi que le gouvernement du Québec pour son Programme de crédit d'impôt pour l'édition de livres. Nous reconnaissons également l'aide financière du gouvernement du Canada par l'entremise du Fonds du livre du Canada (FLC) pour nos activités d'édition.

Chargée de projet : Sophie Imbeault

Révision : Solange Deschênes

Mise en pages et maquette de couverture : Pierre-Louis Cauchon

Si vous désirez être tenu au courant des publications
de la collection Hamac
vous pouvez nous écrire par courrier,
par courriel à info@hamac.qc.ca,
par télécopieur au 418 527-4978
ou consulter notre catalogue sur Internet :
www.hamac.qc.ca

© Les éditions du Septentrion
1300, av. Maguire
Québec (Québec)
G1T 1Z3

Dépôt légal :
Bibliothèque et Archives
nationales du Québec, 2011
ISBN papier : 978-2-89448-677-1
ISBN PDF : 978-2-89664-646-3

Diffusion au Canada :
Diffusion Dimedia
539, boul. Lebeau
Saint-Laurent (Québec)
H4N 1S2

Ventes en Europe :
Distribution du Nouveau Monde
30, rue Gay-Lussac
75005 Paris

À mes filles, pour qu'elles n'attendent pas d'avoir quarante ans avant de rire du sexe.

REMERCIEMENTS

Merci du fond du cœur au directeur du Septentrion, Gilles Herman, pour avoir accepté que Mère indigne se transforme en obsédée sexuelle.

Merci à Sophie Imbeault, mon éditrice, qui mériterait de recevoir tous les jours des lys de callas.

Merci à Iris pour son enthousiasme et ses idées folles, et pour avoir rempli ce livre de ses magnifiques illustrations.

Merci à Stéphane Berthomet qui, le temps d'un lunch, m'a prodigué quelques conseils avisés qui ont changé pour le mieux la face de ce livre.

Merci à mes amants passés qui ont tous contribué, qu'ils le veuillent ou non, à la genèse et au contenu de cet ouvrage.

Merci par-dessus tout à mon mari, Marc, devant qui je peux toujours me mettre à nu, dans tous les sens du terme.

Caroline

Merci à Élise Gravel qui a pensé que j'étais la personne idéale pour dessiner des pénis et des vagins et qui m'a mis en contact avec Caro.

Iris

MERCI SPÉCIAL «SANS VOUS, LA VIE N'AURAIT AUCUN SENS»

Les lecteurs remarqueront que quelques pages de ce livre commencent par les mots «Et vous?» Il s'agit de véritables témoignages que les auteures ont recueillis auprès de gens de leur entourage grâce à un questionnaire maison. Merci, merci mille fois aux amis qui se sont gentiment prêtés à cet exercice. Votre confiance et votre franchise nous ont fait chaud au cœur. Vous êtes l'ingrédient secret sans lequel nous ne serions pas aussi fières de ce livre.

SECTION 1

POUR EN FINIR AVEC LES PRÉLIMINAIRES

ET QUELQUES AUTRES PRÉOCCUPATIONS DE BASE

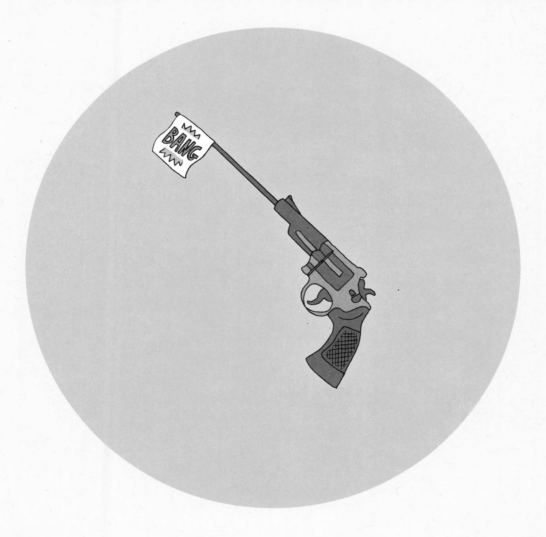

LES PRÉLIMINAIRES: OÙ, QUAND, POURQUOI?

Rhonda Butternotch, notre sexologue en résidence, répond à la question d'un lecteur en émoi

Chère Rhonda,

Je suis un homme assez ordonné, du genre qui classe ses médicaments par ordre alphabétique et qui s'est fait prescrire de l'OxyContin parce que, dans l'armoire, il y avait un trou à la lettre O. Je suis aussi très méthodique au lit, ayant adopté depuis plusieurs années le modèle organisationnel PPOD: préliminaires, pénétration, orgasme et douche antiseptique. Mais voilà: ma nouvelle compagne insiste souvent pour interrompre la pénétration et revenir aux préliminaires. Et parfois elle jouit avant même que je la pénètre! Notre vie sexuelle est un monstrueux chaos. Que faire?

Signé: Jean Régimente

Cher Jean,

Comment un homme aussi sexuellement consciencieux que vous a-t-il pu rater cette nouvelle? Pas plus tard que la semaine dernière, le modèle PPOD a été invalidé à grand fracas par les experts, si bien qu'il sera bientôt retiré des manuels d'instruction sexuelle. Ce modèle, établi en 1823 par un prêtre anémique et impuissant, interdisait la pénétration avant le mariage mais permettait les préliminaires (qui consistaient à l'époque à se frôler mutuellement par-dessus les vêtements avec des mitaines en peau de phoque). Mais, aujourd'hui, le PPOD est complètement périmé puisque 1) le mariage a disparu et 2) les préliminaires sont devenus beaucoup plus intéressants que la pénétration. Par exemple, on peut maintenant se livrer à des actes de sadomasochisme extrême déguisé en schtroumpf dans un lieu public sans qu'il n'y ait *aucun* contact entre le pénis et un orifice quelconque. Mais la mise au rancart du PPOD a pris les spécialistes les culottes baissées. Comme le mentionne David Buccolini, chercheur au Methodical Sex Institute, «depuis la faillite du PPOD, nous espionnons tant bien que mal les gens dans leur chambre à coucher en prenant des notes, mais rien ne nous permet encore de proposer un modèle alternatif». Cependant, s'il vous faut absolument des règles pour être heureux, David signale que sont toujours exclus de la liste des préliminaires autorisés:

1) Rouler un dé pour choisir une position sexuelle;
2) Régler la minuterie et dire: «Dans quinze minutes, je te pénètre!»;
3) Murmurer «Tu n'es pas obligée de te réveiller.»

Rhonda

POUR VOUS, UN PRÉLIMINAIRE INDISPENSABLE, C'EST QUOI?

 Enthousiasme et spontanéité.

 Quand il me serre fort dans ses bras et que je sens toute sa sincérité. Il faut absolument qu'il me prouve qu'il me désire en me touchant au courant de la journée ou en me regardant ou en me disant combien il me trouve belle. Je ne suis pas la plus belle du monde, mais je veux sentir que je le suis pour lui. Ça part ben un feu. J'aime particulièrement quand je suis en train de faire un souper et qu'il vient par-derrière pour me serrer et me toucher sur tout le corps par-dessus les vêtements. Là, c'est vraiment dangereux pour le souper!

 Les préliminaires sont absolument essentiels! Les petites vites, c'est pas toujours trippant. Le bing bang spontané, ça finit parfois par prendre plus de temps pour atteindre un orgasme de plus faible intensité parce que t'es moins excité. De toute façon, l'amour oral est l'activité sexuelle que je préfère, surtout quand il est fait avec appétit.

 Des baisers langoureux et passionnés. C'est essentiel pour moi que le gars embrasse bien (du moins, qu'il embrasse comme j'aime). Me faire mordre et lécher partout...

 L'évidence: des baisers sur la bouche, se faire toucher, se sentir désiré. Mais le premier, c'est l'intimité.

 Un baiser langoureux et en même temps il faut qu'il me pogne un sein ou les deux.

 Si c'est un soir de semaine, qu'il ne soit pas passé 22 h 30, sinon, je pense au lendemain matin où je dois me lever tôt et je regarde l'heure qui passe sur le cadran en faisant ce qu'il faut pour que ça ne s'éternise pas.

SONDAGE SEXUEL DONT VOUS ÊTES LE HÉROS

Votre journal du week-end vous présente les résultats d'un sondage sur le sexe, et vous ressortez de votre lecture convaincu d'être anormal, arriéré, vicieux ou imbécile? Notre sondage maison est fait pour vous! Décidez vous-même des résultats à nos questions: pour une fois, vous serez toujours dans la moyenne.

QUESTIONS

Il est tout à fait courant de perdre sa virginité à l'âge de _____ dans des circonstances sous-optimales.

Les couples normaux (c'est-à-dire qui n'ont pas que ça à faire) ne consacrent environ que _____ minute(s) aux préliminaires.

La majorité des couples font l'amour en moyenne _____ fois par mois et s'en contentent parfaitement.

Il est possible qu'une relation sexuelle parfaitement satisfaisante ne dure que _____ minute(s).

Se faire lécher les lobes d'oreilles énerve royalement _____ % de la population.

Est-il préférable d'éprouver de l'amour pour la personne avec qui l'on a une relation sexuelle? _____ % des personnes interrogées pensent que _____.

À l'âge de la retraite, un être humain qui n'a rien à envier à ses congénères aura eu en moyenne _____ partenaires sexuels.

_____ % des gens considèrent qu'un pénis mesurant _____ cm en érection est un objet d'art admirable qu'on a le devoir de manipuler avec le plus grand enthousiasme.

Dans le fond, _____ % de la population est homosexuelle.

Un condom, c'est dur à déballer, chiant à mettre et ça sent mauvais, avouent _____ % de nos répondants.

_____ % des femmes n'ont pas trouvé leur point G et s'en foutent totalement.

_____ % de nos répondants se masturbent allègrement devant du matériel pornographique environ _____ fois par _____ .

_____ % des gens regardent l'heure au moins une fois pendant un rapport sexuel.

_____ % des gens trouvent que la position dite « du 69 » demande juste trop de concentration.

Après _____ ans passés avec un même partenaire, _____ % des personnes interrogées n'ont plus aucune envie de leur sucer les orteils.

_____ % de nos répondants possèdent entre un et vingt-trois vibromasseurs.

Oui aux jeux de rôle en tout genre, disent _____ % de nos répondants, à condition que se déguiser ne prenne pas plus de vingt secondes.

_____ % des gens ont feint l'orgasme un jour ou l'autre sans que cela affecte leur estime de soi.

_____ % des gens ont déjà affirmé avoir subi un choc post-traumatique pour éviter de faire l'amour.

_____ % des gens préfèrent terminer un roman policier qu'avoir une relation sexuelle, surtout arrivés au dernier quart du roman.

L'amour anal ? Une pratique tout à fait _____ selon _____ % des personnes interrogées.

_____ % de nos répondants jugent que, si leur partenaire les trompe, il doit être condamné à brûler dans les feux de l'enfer pour l'éternité. Par contre, _____ % croient aussi qu'une tricherie de leur propre part ne constituerait qu'une « légère incartade sans conséquence ».

_____ % des gens se sont déjà levés au petit matin avec le sentiment désagréable de devoir prendre incessamment rendez-vous dans une clinique de dépistage.

Comme vous, _____ % des gens sont persuadés que des extraterrestres les ont enlevés et leur ont fait subir des sévices sexuels.

QUESTION BONUS

_____ % des gens croient que faire _____
_____ est parfaitement _____

L'ORIENTATION SEXUELLE SIMPLIFIÉE

Rhonda Butternotch, notre sexologue en résidence, répond à la question d'un lecteur en émoi.

Chère Rhonda,

J'ai toujours été attiré sexuellement par les femmes. Mais l'autre jour, en entendant Dan Bigras chanter *Les trois petits cochons*, j'ai été remué par sa virilité. Suis-je viré gai? Bisexuel? Danbigrophile? Ma femme aimerait bien le savoir et moi aussi, tant qu'à faire.

Signé: Cochon dans l'eau chaude

Cher Cochon,

Votre questionnement arrive à point! En effet, l'Institut analytique de recherche sur la confusion sexuelle (IARCS) vient tout juste de rendre disponible un test chargé de déterminer avec précision l'orientation sexuelle des individus. Pour être fixé, vous n'avez qu'à répondre à cette question:

Quelle est votre couleur favorite?

A) Vert B) Rouge C) Noir

Le **vert** est la couleur du conformisme absolu. Si vous avez répondu «vert», vous êtes hétérosexuel et en couple avec une femme qui ressemble à votre mère. Par contre, si vous avez répondu «vert» sans lire les autres choix, vous êtes du genre à baiser avec quiconque vous tombe sous la main, qu'il s'agisse d'un homme, d'une femme ou d'un formulaire d'impôt sur le revenu.

Le **rouge**, c'est la passion! Si vous avez répondu «rouge», vous êtes un bisexuel carnivore qui adore faire l'amour en regardant les reflets du soleil couchant danser à travers un flacon de paprika. Si vous avez hésité entre le rouge et le vert pour finir par choisir le rouge, vous aimez vous travestir.

Le **noir**, c'est l'absence de couleur. Si vous avez répondu «noir» avec un petit sourire en coin, vous êtes un intellosexuel. Les intellosexuels aiment coucher avec des gens qui fréquentent l'université ou qui sont critiques de cinéma. Ils ont de la difficulté à atteindre l'orgasme parce qu'ils l'abordent sous une perspective métalogique.

Finalement, selon le test de l'IARCS, vous ne pouvez pas être homosexuel, puisqu'il n'existe pas de choix de réponse dédié à cette orientation. Questionné à cet effet, le directeur de l'IARCS, Jean Grelot (Ph. D.), a eu ce commentaire éclairant: «Si tout le monde se fichait de votre orientation sexuelle autant que moi, ce serait la paix sur la terre.»

Sur ce, amusez-vous et saluez Dan Bigras de ma part.

Rhonda

HOROSCOPE SEXUEL
PARCE QUE LES PLANÈTES S'INTÉRESSENT À VOS FESSES

Bélier

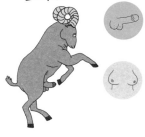

Jupiter est en Capricorne! C'est une année olé olé qui s'annonce, non pas pour vous, mais pour votre douce moitié. Soyez compréhensif et profitez-en pour redécouvrir votre corps à l'aide de votre main droite.

Votre tête vous dit: «Sortez les menottes!» mais votre cœur vous dit: «Je préfère mon déguisement d'étudiante japonaise»? Les planètes hochent la tête avec empathie tout en vous exhortant à commencer par vous trouver un partenaire.

Taureau

Une grande période de doute s'amorce pour le Taureau. Ferez-vous l'amour le mercredi ou le samedi? Sur le lit ou sur le divan? Mercure vous conseille de choisir le jour le plus proche et la pièce la plus chaude.

Attention, femelles Taureaux! Les poils pubiens seront interdits par la loi à partir du 1er janvier 2015. Jupiter a jeté un coup d'œil dans votre slip et vous conseille de ne pas vous y prendre la veille pour vous en débarrasser. (*Horoscope commandité par Léa Clapet, esthéticienne.*)

Gémeaux

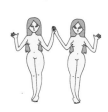

L'esprit coquin de Saturne s'acharne sur votre cas. Dans l'incapacité de bander depuis déjà plusieurs mois, vous verrez en plus votre pénis rétrécir d'un centimètre chaque jour férié. Préoccupant, certes, mais tout devrait rentrer dans l'ordre dès 2024.

Stupre, luxure, sensualité... Tout cela, jolies Gémeaux, est à votre menu pour l'année qui s'amorce! Remerciez Mars de transformer votre vie sexuelle en un tourbillon joyeux et cessez d'angoisser au sujet des quelques gonorrhées que vous récolterez en cours de route.

Cancer

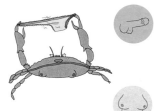

Votre curriculum vitæ sexuel vous déprime? Vous en avez assez d'avancer dans l'existence avec seulement quatre amantes à votre tableau de chasse? La belle Janelle attend votre coup de fil! (200$/heure, discrétion, propreté et ponctualité incluses)

Uranus se paie votre tête! Alors que vous venez de découvrir l'orgasme pour la première fois à quarante ans dans les bras d'un habile amant, celui-ci partira acheter le journal et ne reviendra jamais. Distrayez-vous en tombant dans l'enfer de la drogue.

Lion

La condition masculine possède son lot d'épreuves, comme la présence de poils sur les fesses et une attirance malsaine pour des petits bouts d'épidermes aussi appelés «mamelons». Vénus vous dit: Oubliez vos soucis en changeant de sexe!

Influencée par un Neptune folichon, la Lionne se met en chasse! Vous trouverez la félicité sexuelle auprès d'un Poisson capable de toucher ses oreilles avec sa propre langue. Des fans documenteront votre union contre-nature sur un site Web.

Vierge

Vierge? Vous voulez rire. Vous n'avez pas volé votre réputation de salaud et votre signe astrologique constitue carrément de la fausse représentation. Les planètes vous le feront bientôt savoir par mise en demeure.

Les étoiles promettent une année faste pour les Vierges qui décideront de s'enrôler dans une carrière pornographique. Étrange coup du sort, c'est aussi l'Année internationale des doubles pénétrations anales. Pluton vous suggère de faire le plein de lubrifiant.

Balance

Oui, il existe sur Terre une femme qui possède un appétit sensuel en tout point conforme au vôtre et dont l'intérieur du vagin correspond parfaitement à la forme et à la taille de votre pénis. Malheureusement, c'est votre mère.

Trente ans de mariage, ça se fête! Jupiter vous invite à renouveler votre couple en prenant part à une orgie. Vous serez stupéfaite par les singeries auxquelles se livreront les participants, mais vous repartirez avec une excellente recette de petits pains fourrés.

Scorpion

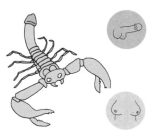

Votre partenaire refuse de passer l'aspirateur en costume de geisha? Votre employée de bureau hésite à se faire tatouer votre prénom sur le sein gauche? Une ridicule dispute entre la Lune et Neptune est à l'origine de leur résistance. Faites preuve de fermeté.

Heureuse Scorpionne! Mercure est sur le point de réaliser vos fantasmes les plus polissons. Les anchois sont en spécial cette semaine chez votre épicier, ainsi que les couches pour adultes et le demi-litre de Pepsi.

Sagittaire

 La planète Mars vous invite à voyager au cœur d'un territoire inconnu qui n'attend que vous, messieurs Sagittaires! Lancez-vous à sa découverte en vous procurant le tout nouveau vibrateur anal à trois vitesses de KrossKountry (69,99 $, piles AA non incluses).

 Le Soleil en Pluton fera fondre vos inhibitions et vous incitera à exhiber davantage votre corps magnifique. À tous ceux qui se questionneront sur l'identité de la dame qui a été arrêtée à poil dans une animalerie, vous pourrez enfin répondre: « C'est moi! »

Capricorne

 La NASA recherche des volontaires pour tester la résistance en apesanteur d'une nouvelle marque de préservatifs. Proposez-vous pour l'expérience et flattez votre ego en mentionnant que vous aurez besoin d'extralarges.

 Le vent tourne pour vous, enchanteresse Capricorne. Votre obsession presque nymphomaniaque pour le sexe s'atténuera alors que vous découvrirez les propriétés euphorisantes et hypnotiques du Sudoku.

Verseau

La Saturne vous a ramené à la raison et vous avez enfin fait une croix sur la possibilité d'une union secrète avec votre grand-tante Ninon. Une fois guérie votre blessure d'amour, vous tournerez votre attention érotique vers une mascotte d'équipe sportive.

Infection vaginale par-dessus infection vaginale: voilà le destin que vous réservent les étoiles si vous persistez à fréquenter des hommes prénommés Bobby. Afin de rééquilibrer votre flore vaginale, laissez-vous séduire par un Jean-Fabrice.

Poisson

 Ô Poissons, réjouissez-vous! Cette année, personne ne vous égratignera le membre avec les dents, vous aurez accès à davantage de sexe anal que la moyenne et Jupiter vous aidera à choisir un chapeau pour camoufler votre calvitie naissante.

 Un des anneaux de Saturne vous a prise en grippe et a publié sur Internet des photos de vous toute nue. C'est du moins ce que tente de vous faire croire Gil, votre ex. Ne vous laissez pas duper: la connexion Wifi ne se rend pas jusqu'aux confins du système solaire.

SECTION 2

POUR EN FINIR AVEC LES PARTIES INTIMES

ET PIS C'EST QUOI, D'ABORD, UN GROS ZIZI?

Extrait d'un discours prononcé devant l'AAHP (Association américaine des hommes qui ont un pénis) par Rhonda Butternotch, notre sexologue en résidence.

Tout d'abord, Messieurs, du calme!

Avant de paniquer à l'idée de discuter de la taille de votre organe du plaisir, sachez ceci: selon un récent sondage du Penis-Comforting Institute of America, la grosseur du pénis n'a *aucune importance*. Vous pouvez même pratiquer plusieurs activités tout en ayant un très petit pénis, comme:

- Le saut à ski
- La cuisine thaïlandaise
- La graphologie
- Les quilles

- Le jardinage
- Le Sudoku
- Certaines études universitaires
- et bien d'autres encore

De toute manière, quand on parle de la taille des zizis, on ne sait même pas de quoi on parle. Par exemple, saviez-vous que la taille de votre dessert du jour peut varier de moins de 8 centimètres à plus de 20 centimètres? Vous pouvez donc vous retrouver aussi bien avec un gros barbe à papa qu'avec une banane naine flambée. Entre les deux, où se termine le «petit»? Où commence le «gros»? La réponse, bien souvent, ne dépend pas de votre anatomie mais se trouve dans les orifices de votre partenaire!

Comme me l'a généreusement raconté un patient: «J'avais beaucoup honte de mon pénis de six centimètres. Mais dans le vagin de ma copine Régine, ça rentre de justesse. Depuis que nous nous sommes rencontrés, je suis fier de mon gros gourdin.»

Bref, Messieurs, si votre pénis est trop petit, changez de partenaire ou trouvez l'amour auprès d'un cannelloni.

Si vous tenez absolument à mettre un chiffre sur votre membre, sachez qu'il n'existe qu'une seule vraie méthode éprouvée pour mesurer adéquatement la taille de votre pénis. La voici:

1. Mettez-vous debout et ayez une érection.
2. Tenez votre pénis parallèlement au sol.
3. Placez le bout d'un ruban à mesurer sur le dessus de votre pénis (pas en dessous), à la jonction entre votre zizi et votre pubis.
4. Mesurez jusqu'à la toute dernière extrémité du gland.
5. Prenez votre résultat et ajoutez-y de 3 à 7 centimètres.
   C'est ce que font toutes les stars du porno.

Et surtout, souvenez-vous de ce que disait ma bonne amie Donna Untrael: «La taille du pénis n'a pas vraiment d'importance. Comme on dit, ce n'est pas la grosseur du bateau qui compte, c'est la longueur du mât divisée par la superficie de la grand-voile et soustraite de la circonférence de la pompe de cale. Ou quelque chose du genre.»

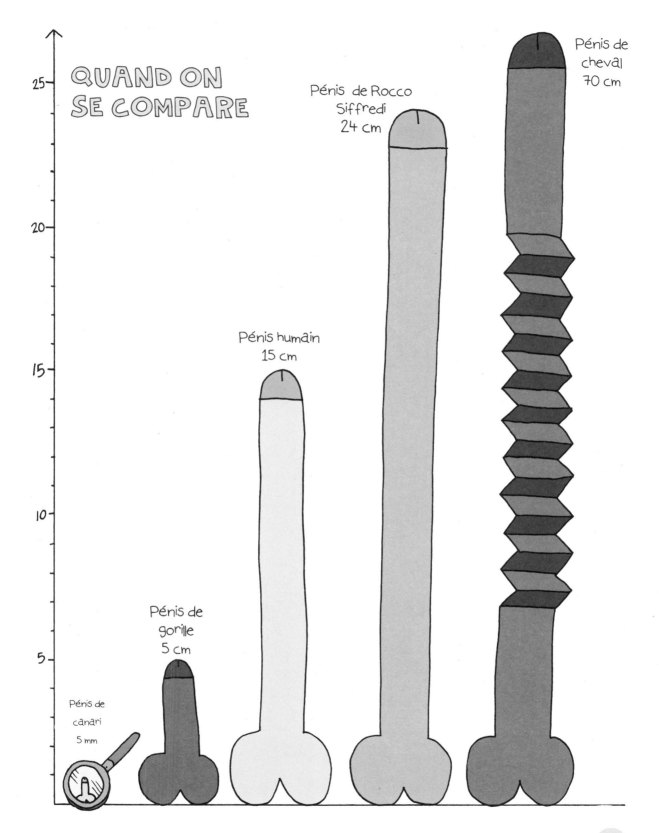

QUAND ON
SE COMPARE

Pénis de cheval
70 cm

Pénis de Rocco
Siffredi
24 cm

Pénis humain
15 cm

Pénis de
gorille
5 cm

Pénis de
canari
5 mm

LOTO SEXE-49

Le sexe, ça ne sert pas seulement à passer le temps!

Composez votre numéro gagnant de loto en utilisant les réponses aux questions suivantes:

1. La taille de votre pénis\de votre vibrateur favori en cm
   (Si plus de 49, remplacez par le prix de votre lubrifiant)

2. Le nombre de partenaires sexuels que vous avez eus
   (Si plus de 49, ne comptez que ceux du dernier mois)

3. La durée moyenne de vos relations sexuelles, en minutes
   (Si plus de 49 minutes, faites l'amour moins longtemps)

4. Le nombre de fois où vous avez trompé votre partenaire
   (Si plus de 49 fois, divisez par trois et, surtout, ne lui dites rien)

5. Le nombre de fois où vous avez contracté des infections transmises sexuellement
   (Si plus de 49, divisez par 5 et vérifiez la date d'expiration de vos médicaments)

6. Le nombre de jouets sexuels qui traînent dans vos tiroirs
   (Si '0', comptez vos slips brésiliens et si plus de 49, divisez par quatre et ouvrez votre propre boutique)

Pourquoi t'as mis « 38 » à la question numéro quatre?

Et encore... J'ai divisé par trois!

« C'est le moment ou jamais d'essayer le sexe anal... »

SEXY RECORDS

Gros malaise

Bilel Ben Aissa, un Cairote de 37 ans, jouit d'une grande chance et souffre aussi d'un grand malheur, tout cela à cause du monstre qu'il héberge dans son slip. «Oui, c'est moi qui possède le plus gros pénis du monde», nous confirme Bilel. Celui que l'on a surnommé Papa Boa dès sa naissance n'hésite pas à exhiber son membre imposant sur demande. D'ailleurs, il serait bien en peine de tenter de le camoufler. «Non seulement il est gros, mais il est toujours en érection», nous avoue l'homme, qui n'a pas besoin de massue pour enfoncer des piquets de clôture. Une énorme quéquette bétonnée, n'est-ce pas là le rêve de tout homme? «J'ai dû abandonner mon plus grand rêve, celui de devenir champion de natation. Mon pénis n'est simplement pas assez ergonomique.» Il regrette aussi de ne pas avoir pu faire office de porteur de cercueil à l'enterrement de sa grand-mère. «Une érection gigantesque est incompatible avec le respect des morts», a-t-il précisé en essuyant une larme.

Le cœur à la bonne place

Les habitués du ShowRoom de Memphis connaissent bien Lynette Fengborn. Cette serveuse sexy de 28 ans fait toujours précéder son sourire d'une imposante paire de seins. Les plus gros du monde? Non. Mais certainement les plus humanitaires. «Très tôt dans ma vie, j'ai décidé que tout ce que j'entreprendrais serait pour le bien de ma planète et celui de mes sœurs et frères humains. C'est dans cet esprit-là que je me suis fait faire une augmentation mammaire.» Il faut dire que les seins de Lynette ne contiennent pas du silicone mais bien des déchets nucléaires. Son chirurgien lui a mentionné l'existence de certains risques, mais cela n'a pas effrayé la jeune femme. «J'étais trop scandalisée par tous ces gens qui protestaient en disant qu'il ne voulaient pas de ça dans leur cour», d'expliquer la blonde atomique. Mon père m'a toujours dit que, si chacun faisait sa part, le monde tournerait plus rond.» Vraiment aucun regret, Lynette? «Aucun. Et regardez... Ils brillent dans le noir!»

Magnétisme animal

En Suisse où ils habitent, Julien Belaffre et Marie Delprienne sont devenus de véritables stars. En effet, chaque fois que le couple s'adonne à la pénétration, leurs têtes se mettent immédiatement à pointer vers le Nord. «Nous nous transformons ni plus ni moins qu'en boussole humaine!», s'esclaffe Julien. Marie admet que la première fois à été plutôt renversante: «Ma tête de lit est orientée vers le Sud. On s'est pris tout un torticolis!» Le couple s'est cependant habitué au phénomène et les autorités du canton de Neuchâtel croient même que leur don particulier a sauvé la vie de trente-cinq personnes. «Lorsque leur groupe d'hébertisme s'est perdu en forêt, M. Belaffre et Mme Delprienne n'ont pas paniqué. De fornication en fornication, ils ont ramené tout le monde sur la route 5.» La preuve que l'amour ne fait pas toujours perdre la carte!

JOS BIDONS

Parmi toutes ces paires de seins,
laquelle appartient à madame Touchette?

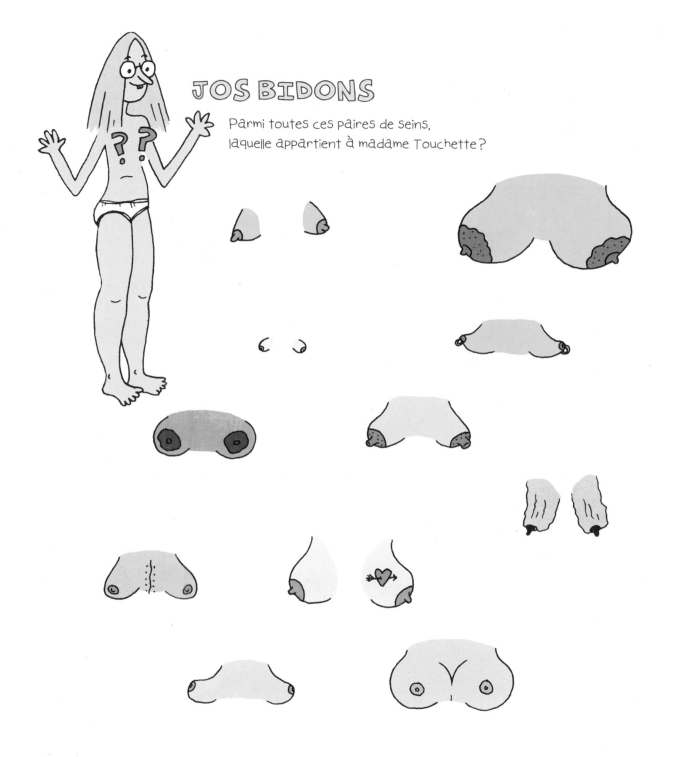

des soutien-gorges épanouis.

possède une paire de chaque sorte, qu'elle change au gré de ses humeurs! Jos Bidons^{md}, le complice

Grâce aux multiples paires de seins disponibles chez Jos Bidons^{md}, madame Touchette

LE GRAND MYSTÈRE DE LA POITRINE ENFIN RÉSOLU!

Mais pourquoi les gars aiment-ils autant les nichons ?
Gilles Touchette, un homme, a accepté de répondre à nos questions.

LE CHEMIN LE MOINS FRÉQUENTABLE

L'anus: quel machin contrariant!

Quand on veut, l'autre ne veut pas et vice versa. On essaie, on change d'avis, on réessaie, ça fait mal, ça fait drôle, c'est tabou, c'est dégueu, c'est bon... Quand on parle de sexe anal, c'est tout ça et son contraire.

Bref, l'anus est un petit bidule frustrant.

Enfin, il l'était jusqu'à aujourd'hui! Venez vous réfugier dans notre labyrinthe anal, un endroit accueillant qui vous permettra d'atteindre votre but ultime dans une excursion facile et sans douleur.

ET VOUS, L'ANUS, ÇA VOUS FAIT PENSER À QUOI ?

 Au dieu égyptien de la mort. Je sais que c'est Anubis, mais chaque fois c'est immanquable.

 Caca.

 Plaisir décuplé, mais aussi douleur intestinale. Ça me donne des maux de ventre terribles qui durent plusieurs jours, alors je m'abstiens.

 À des croquignoles?

 Plaisir :-)

 Le sexe anal, on dirait que j'aime ça une année sur deux.

 Aux hémorroïdes... Qui m'ont fait pleurer de douleur pendant ma deuxième grossesse. Depuis, la porte arrière est une entrée condamnée.

 Le tien, oui, si ça te branche. Le mien, non. Ou si peu.

 AYOYE!!!!!! Ça rentre pas pantoute.

L'ESTHÉTIQUE DU VAGIN

Rhonda Butternotch, notre sexologue en résidence, répond à la question d'une lectrice en émoi.

Chère Rhonda,

Je le regarde, là, et il me semble que mon vagin a l'air bizarre. Comment savoir si j'ai une jolie zézette? Devrais-je consulter pour savoir si je suis une candidate idéale pour une chirurgie de reconstruction vaginale?

Signé: Organe en détresse

Cher Organe,

Votre vagin ressemble-t-il plus au vagin «A» ou au vagin «B»?

Sachez qu'un sondage effectué auprès des hommes du monde entier nous apprend que 83% d'entre eux préfèrent le vagin A au vagin B.

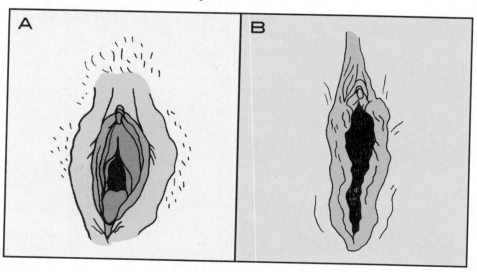

Lorsqu'on leur a demandé quel critère avait guidé leur choix, 56% ont répondu «euh», 40% ont dit «je... je...» et 4% ont choisi l'option «ne sait pas/pas de réponse».

De plus, 99,9% d'entre eux ont déclaré que, si on leur en donnait l'occasion, ils feraient l'amour avec vous peu importe si votre vagin est de type A ou de type B. Le 0,01% restant était dans l'impossibilité de répondre à notre dernière question, étant parti se masturber.

Bref, cher Organe, rassurez-vous: votre vagin est digne de considération, quel que soit le visage qu'il arbore.

Rhonda

LA POLITIQUE, C'EST AU POIL!

Pour plusieurs, il ne s'agit que d'un geste esthétique. Mais saviez–vous que de plus en plus de femmes engagées et inspirantes considèrent l'épilation du pubis comme un moyen concret d'afficher leurs convictions politiques?

Si vous en avez assez d'être de celles qui parlent au lieu d'agir, prenez–moi ce rasoir, ramollissez–vous les poils à l'aide d'eau chaude et d'une mousse appropriée et MILITEZ!

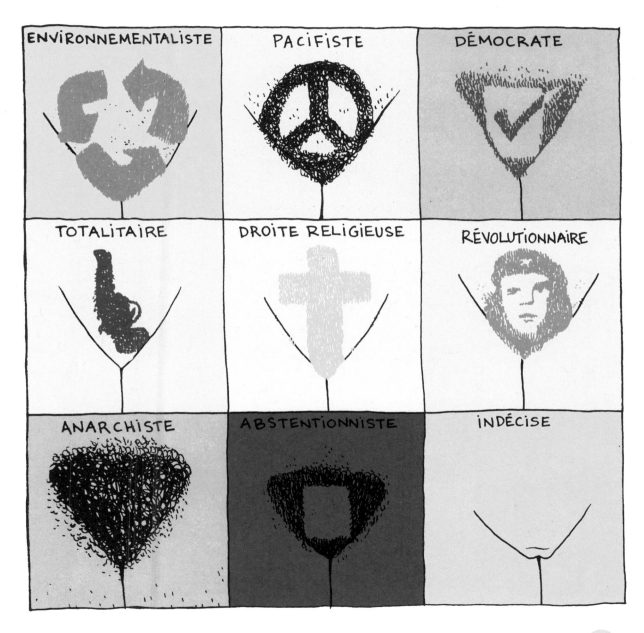

À POIL !

Les rasoirs, l'électrolyse, l'épilation au laser, la porno et la métrosexualité vous ont fait oublier ce que c'était qu'être à poil? Pour reprendre contact avec vos racines pileuses, découpez et fixez les poils de Marie-Ève et de Louis-Adam aux endroits appropriés.

(Voir les réponses dans le corrigé qui se trouve en fin de volume.)

L'heure de vérité

Salut, c'est moi. Un clitoris.

Faut qu'on se parle.

Ça urge.

Toutes ces histoires d'amants incapables de nous trouver même si on est à deux centimètres de leur nez, c'est sympa.

Ça attire l'attention sur nous. Et Dieu sait qu'on en a besoin avec le maudit point G qui essaie de nous voler notre titre de grand manitou en chef de l'orgasme féminin.

En passant, le point G, il n'existe pas.

Par contre, mettre autant d'emphase sur le fait que c'est difficile de nous trouver, ça a un sérieux désavantage.

C'est rendu que, quand un gars nous trouve, il a l'impression d'avoir accompli un exploit. Y'en a qui, aussitôt qu'ils ont mis le doigt sur le bouton du plaisir, ils veulent juste une chose: lui en donner pour son argent.

SLUUURP...

Les gars, je comprends que, pour réussir un coup de circuit au baseball, il faut frapper fort sur la balle.

Mais le clitoris n'est pas une balle de baseball.

GULP!

Un clitoris, c'est sensible. VRAIMENT SENSIBLE. Si vous y allez trop fort et trop direct, ça fait mal.

En fait, un cunnilingus, c'est plus comme jouer à la pétanque. Tu vises le cochonnet, mais l'important, c'est de s'en approcher tranquillement pis de rester autour, pour peut-être finir par le frôler.

Parce que, si tu tires dessus en malade, il va toujours revoler et tu vas te faire expulser de la game...

Alors voilà les boys! On lâche le baseball, on se met à la pétanque, et les clitoris qui vous entourent vous en seront reconnaissants.

C'est bon! Coupez!!!

Moi j'aime ça quand y jouent rough avec moi.

Ta gueule.

POUR EN FINIR AVEC LES RELATIONS SEXUELLES

Passer à un poil de l'amour

ET VOUS, EST-CE QU'UN DÉTAIL VOUS A DÉJÀ RÉPUGNÉ PHYSIQUEMENT AU POINT DE GÂCHER VOTRE DÉSIR ?

 Un soutien-titis exagérément rembourré. Et pourtant, la fille avait de très jolis petits seins. Ce n'est pas le corps qui est turn-off, c'est l'artificialité. Full maquillage. Une odeur écœurante de savon ou de parfum cheap. Mais j'avoue que l'odeur de sueur aigre ou de noune rance, ça passe mal. Sinon, ce n'est pas exactement un détail physique, mais me faire lancer un «Baise-moi!» Ça sonne tellement faux que ça me coupe tout désir.

 L'odeur d'un corps, et je ne parle pas d'hygiène. Je ne recouche jamais avec un gars dont l'odeur ne me plaît pas. Mon chum est à son top après 36 ou 48 heures sans douche (tant qu'il se lave les organes et les aisselles). Sinon, rien de physique; tout est dans l'attitude. J'ai couché avec un petit gros que je n'aurais jamais regardé sur la rue et qui avait la plus petite queue que j'avais jamais vue, une arachide écalée! Mais il était tellement attentionné, que ça n'avait aucune importance. Et c'était délicieux! Un autre gars, lui, un géant, avec les yeux pétillants, un gars avec qui ça a vraiment cliqué, il avait une bite d'éléphant, mais il ne pensait qu'à sa queue, alors c'était nul!

 J'ai malheureusement l'œil pour les détails et il est souvent arrivé qu'ils gâchent mon plaisir. Je relève toujours la petite affaire fatigante chez l'autre: le cri de jouissance ridicule, un bouton sur le nez, une crotte sur une dent. C'est vraiment chiant de toujours spotter la petite bébitte noire.

 Un gars qui avait vraiment, vraiment très peu de poils... mais c'est rare que quelque chose du genre gâche mon désir.

 Tu fais une fellation et le gars pète. Oublie ça, c'est pas juste fini pour la soirée, mais pour un c... de bout.

 Le péteux malodorant. Ça se dit mal à quelqu'un, ça. Et puis tu peux pas lui offrir de gomme ou rien dans le genre.

 Un gars qui a trop de salive au coin de la bouche quand il parle. Et surtout une mauvaise haleine.

 Si un gars fait une face ridicule quand il jouit (genre, le visage tout tordu et un petit cri aigu), je trouve ça extrêmement difficile de ne pas le juger. Et je me sens vraiment coupable de penser ça!

L'ART DE LA PIPE

Au lit, la routine est la mère de la panne sexuelle. Prévenez cette terrible malédiction en lui offrant ce soir une pipe comme il n'en a jamais reçue! N'oubliez pas, les hommes adorent regarder leur partenaire leur faire une pipe. Découpez-la donc devant lui afin de le rendre doublement fou de plaisir.

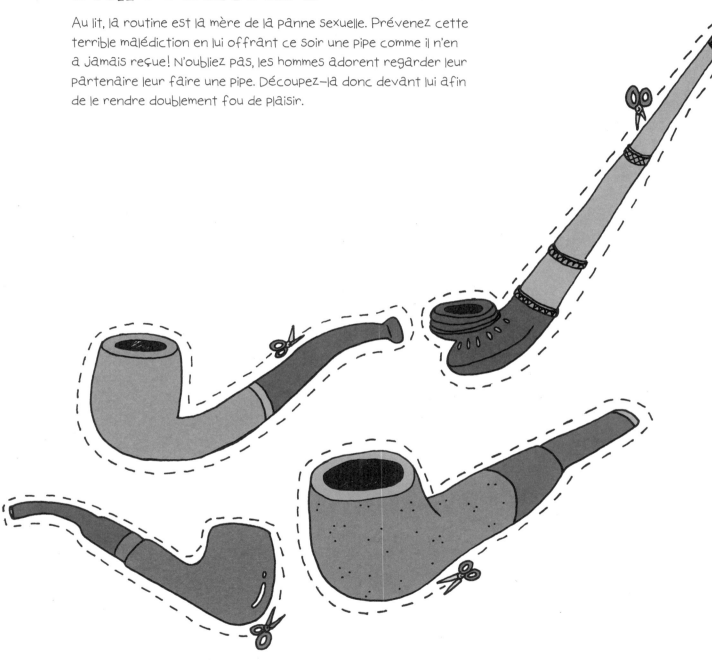

POSITIONS SEXUELLES ET SANTÉ MENTALE

Notre *kama* serait-il un peu trop *sutra*? Dans son ouvrage sexoféministe *Les ravages de la levrette borgne*, Rhonda Butternotch, notre sexologue en résidence, fait le point sur certaines positions sexuelles que toutes les femmes ont essayées et peut-être même aimées, mais sans en connaître tous les dangers. En voici quelques extraits.

La belle comateuse

Description technique: Déguisée en servante obéissante, la femme s'étendra sur un lit douillet et fera semblant d'être plongée dans un profond coma provoqué par les maltraitances de son maître. Son amant, rapace de nature, lui envahira le corps de mille et une façons sans que la dulcinée ne fasse le moindre mouvement, même lorsqu'elle subit les élans les plus brutaux.

Avantage: Pour une femme de carrière soumise à des pressions professionnelles impitoyables et constantes, quel soulagement de pouvoir avoir une vie sexuelle qui ne demande aucun effort! Mais attention, il y a des côtés sombres au coma.

L'avis de Rhonda Butternotch: «Cette position sexuelle condamne la femme à l'immobilisme et à l'inaction. Son expertise est niée, ses capacités, ignorées. Il s'agit d'une sorte de chômage sexuel qui peut avoir de très graves conséquences sur l'estime de soi. Qui plus est, la belle comateuse accentue les risques de cellulite fibreuse qui peut mener au syndrome de la cuisse de canard confite ou, pire, à la mort.»

La levrette borgne

Description technique: À quatre pattes sur une surface propre et lisse, la femme se laisse posséder par derrière par un amant qui pourrait obtenir le titre d'employé du mois chez les Joyeux Ramoneurs. La particularité de cette position sexuelle est l'aveuglement partiel de madame, provoqué par le fait que la moitié droite de son visage est enfoncée dans l'oreiller ou dans le linge de cuisine.

Avantage: Comme le souligne Mélanie (nom fictif d'une des deux auteures de ce livre): «Cela met en valeur ma colonne vertébrale parfaite, que mon chirurgien-physiothérapeute à modelée selon une photo du dos de Pénélope Cruz.» Mais soyons vigilantes, car la sournoise levrette pourrait finir par nous mordre.

L'avis de Rhonda Butternotch: «La belette borgne met la femme en état de déficience visuelle, où le monde qui l'entoure se brouille et se confond avec elle-même. Ses repères sont niés, son identité, ignorée. Il s'agit d'une sorte de myopie sexuelle qui peut avoir de très graves conséquences sur l'estime de soi. Qui plus est, la levrette borgne risque de causer des rides dans la moitié gauche du visage, causant ainsi un déséquilibre physionomique grave qui peut mener à l'asymétrie aiguë ou, pire, à la mort.»

La mobylette à pédales

Description technique: Dans cette position atypique mais très appréciée des contorsionnistes, l'homme fait usage de la femme comme d'une motocyclette. Les mains de madame font office de guidon, ses pieds serviront de pédales, ses genoux resteront unis pour prendre la forme d'un siège en cuir, et son sexe tiendra lieu de module de rangement pour l'imposante lampe de poche de monsieur. Celui-ci devra conduire sa monture vers l'orgasme sans lui retourner un doigt ou lui déboîter la rotule.

Avantage: Les demi-dieux qui réussissent à exécuter la mobylette à pédales sans bavure s'assurent automatiquement une place dans le très sélect Mile Mobylette Club. Si vous y arrivez, n'oubliez pas d'immortaliser votre exploit en demandant à un tiers de prendre une photo! Mais gare aux nids-de-poule mentaux qui pourraient parsemer votre route...

L'avis de Rhonda Butternotch: «Ce genre de prouesse physico-architecturale annonce une technicisation de l'acte amoureux, alors qu'un homme-robot s'accouple à une femme-machine sans véritable émoi sentimental. Il s'agit d'une sorte de course à la performance sexuelle qui peut avoir de très graves conséquences sur l'estime de soi. Si vous deviez malgré tout tenter le coup, le port du casque est recommandé pour éviter les méningites virales ou, pire, la mort. Mais il ruinera votre coiffure.»

Un espoir à l'horizon?

Devant toutes ces embûches sexuelles, la question se pose: comment faire pour arriver à insérer sa surprise du chef dans votre nid d'amour sans mettre votre équilibre mental en péril? Rassurez-vous: Rhonda Butternotch nous réserve, pour 2015, un ouvrage intitulé *Glorifier la femme par-devant et par-derrière*.

En attendant, Rhonda conseille le chocolat au piment basque de la maison Gaminette, qui, contrairement à la levrette borgne, est de bon goût et d'une classe infaillible.

D'APRÈS VOUS, QUELLE EST LA POSITION SEXUELLE LA PLUS SURÉVALUÉE?

 Moi, quand j'ai les jambes dans les airs et que le gars me les ramène proche des oreilles (j'espère que c'est clair), c'est pas super, super agréable. Surtout que j'ai l'utérus à l'envers.

 Baiser debout dans la douche. Uno, c'est glissant un bain mouillé. Deuzio, c'est pas glissant une fille mouillée. Finalement, quand t'es obligé de faire des acrobaties et que t'as des crampes partout, c'est pas mal moins le fun.

 Le 69.

 Le 69.

 Le «reverse cowgirl». Elle regarde par là-bas, assise sur moi. C'est une position intéressante seulement si on a besoin de travailler chacun à notre ordi en même temps.

 Euh... Je sais pas, mais le missionnaire est tout sauf plate!

 La petite vite, dans n'importe quelle position. Parce qu'on n'a pas le temps d'en profiter comme du monde, c't'affaire!

LISEZ DANS SES PENSÉES

Vous aimez les ébats expressifs, mais votre partenaire est du genre muet comme une carpe? Nos phylactères prêts à utiliser sont faits pour vous! Découpez-les et tenez-les près de la tête de votre partenaire pendant l'amour. Ça y est, vous voilà réconforté(e). Ou pas.

1 2 3 4 5 6 7 8

•9

POINTS À RELIER

Reliez les points afin de découvrir, centimètre après centimètre, l'univers affriolant du sexe tel qu'il se pratique dans des milliers de foyers près de chez vous!

43• 42• 41• 40• 39• 38• 37• 36• 35• 34• 33• 32•

•10 •11 •12 •13 •14 •15 •16 •17 •18 •19 •20 •21 •22

31 30 29 28 27 26 25 24 23

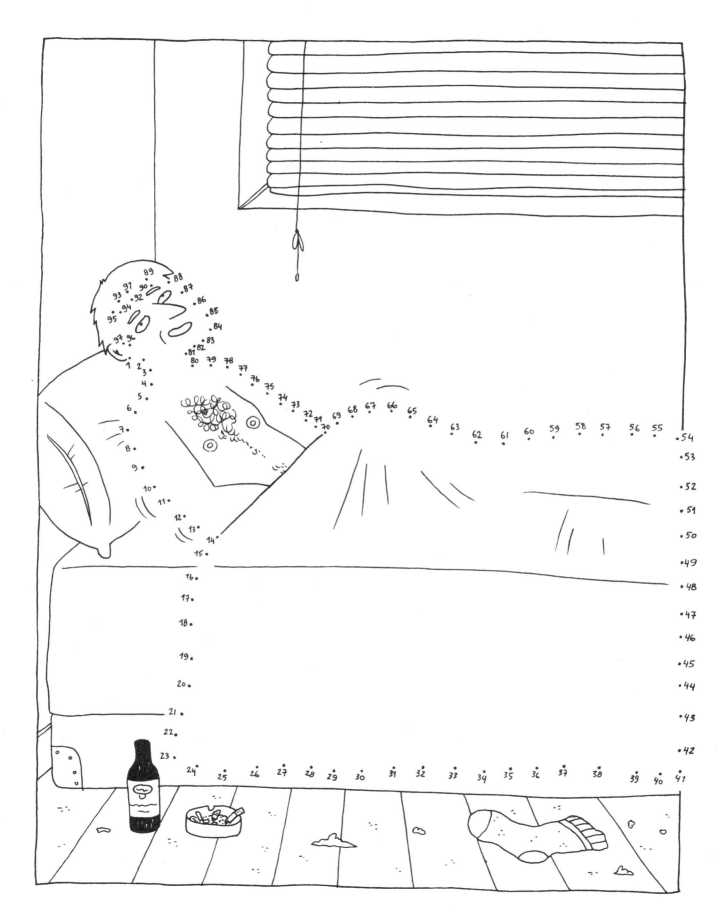

À BAS LE 69!

PÉTITION VISANT À ÉLIMINER LA POSITION «TÊTE-BÊCHE» DU RÉPERTOIRE DES ACTES SEXUELS INTÉRESSANTS

Disons-le clairement: le 69 jouit d'une réputation surfaite. Et d'ailleurs il est bien le seul à jouir! Faire une bonne pipe tout en profitant pleinement d'un cunnilingus (ou vice versa), c'est comme réussir à se taper sur la tête tout en se frottant le ventre: beaucoup d'appelés, très peu d'élus. Et avouer qu'on n'aime pas le 69, c'est passer pour des refoulés qui croient que le kama-sutra est une marque de déodorant.

Détracteurs du 69, mettons un terme à cette supercherie! Osons l'avouer haut et fort: le 69, c'est pour les paresseux qui ne veulent pas se forcer à faire l'amour oral convenablement!

Et surtout, agissons. Allons frapper chez nos voisins, quadrillons notre quartier à la recherche d'autres adversaires de cette position. Si nos voisins appellent la police, faisons signer les policiers.

Et vive le missionnaire!

NOM	ADRESSE	PROFESSION	SIGNATURE

ET VOUS, LE 69, TROUVEZ-VOUS ÇA SI BON QUE ÇA ?

 Faire un bon cunnilingus à l'envers, c'est pas de la tarte, surtout s'il y a un écart de taille important entre l'homme et la femme. Ne pas pouvoir voir l'autre pendant le sexe oral (pour celui qui donne comme pour celui qui reçoit), ça enlève une certaine partie du plaisir. Mettons qu'il faut vraiment être « dedans » pour y prendre son pied.

 Ben non, il se passe trop de choses en même temps, on n'a pas le temps d'en profiter. On peut prendre une chose à la fois et la savourer, SVP ?

 N'importe quelle position qui implique mon pénis dans la bouche d'une jolie fille ne peut pas être complètement mauvaise. Maintenant, je me suis aperçu au fil des ans que faire l'amour oral de façon simultanée est un excellent truc pour retarder l'orgasme, parce qu'on doit se concentrer un minimum sur le plaisir qu'on donne à l'autre.

 Selon moi, non... Je n'aime pas trop me faire donner un cunnilingus (sauf certaines exceptions) et faire une pipe en même temps, c'est très déconcentrant. Et c'est pas très confortable. Et je me sens un peu ridicule dans cette espèce de position bizarre.

 Oui, c'est si bon que ça, parce que c'est cochon et c'est réciproque et c'est les deux ensemble. J'adore.

 Mioumioume. C'est plutôt cochon, ça. La vue est belle. C'est bon mais c'est très stimulant, alors ça peut tout faire se terminer très vite. Et c'est parfois compliqué de se concentrer sur son désir et le désir de l'autre en même temps.

 Ben oui c'est bon, mais moi, c'est pas la langue, c'est les doigts! Alors c'est un 69 modifié : ma bouche, ses doigts.

ÇA VOUS EMMERDE ?

Avec ces pancartes à suspendre au-dessus de votre lit, mettez les points sur les «i» avant même d'avoir baissé vos culottes.

INUTILE D'APPUYER SUR MA TÊTE, JE CONNAIS LE CHEMIN

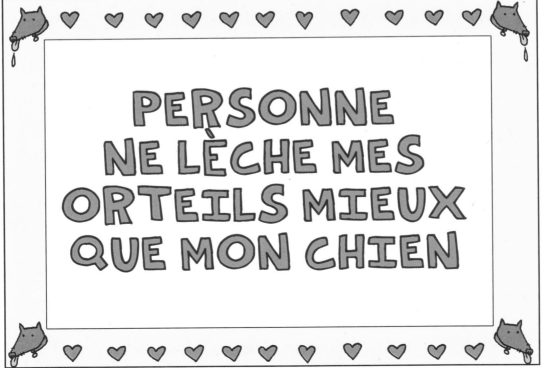

PERSONNE NE LÈCHE MES ORTEILS MIEUX QUE MON CHIEN

SI TU AIMES
LA LINGERIE FINE,
RIEN NE T'EMPÊCHE
D'EN PORTER

PLUS JE CHERCHE
MON POINT « G »,
PLUS J'AIME
MON CLITORIS

UN DOIGT
DANS MON ANUS
=
CINQ DANS
LE TIEN

X

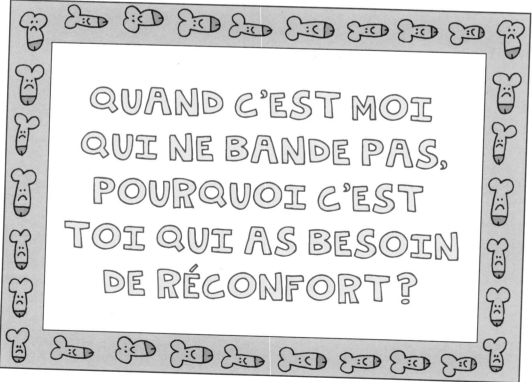

QUAND C'EST MOI
QUI NE BANDE PAS,
POURQUOI C'EST
TOI QUI AS BESOIN
DE RÉCONFORT?

SEXY RECORDS
Love machine

«En ce qui concerne la sexualité, j'avais pas mal vu tout ce qu'il y avait à voir», nous confie Lorna Bulbritt, une Londonienne de 34 ans, en nous montrant un album qui regorge de photos d'elle en train de faire l'amour partout et dans toutes les positions. «Ça, c'est moi qui participe à une orgie en parachute. Et là, je flirte avec Doobox, le doberman du voisin.» Blasée, elle n'a pas voulu pour autant faire une croix sur le sexe. «J'ai préféré explorer, aller là où aucun autre être humain n'avait été avant moi. Et c'est comme ça que j'ai trouvé l'amour.» Les joues rougissantes, Lorna nous présente Félix, un gros tracteur vert à cabine climatisée de marque John Deere. «Sa force tranquille me rassure. Je fais avec lui ce que je n'ai jamais osé faire avec personne d'autre. Et rien ne le choque.» C'est vrai, on a vu les photos.

Désir à retardement

«Lorsque nous nous sommes rencontrés, nous n'étions pas très compatibles sexuellement», nous raconte Sylvaine Lee, 58 ans, une Ontarienne d'Embrun. Jack, son conjoint, approuve: «Je la trouvais laide comme un cul de poule.» Les premières années, Sylvaine et Jack ont fait l'amour deux fois, juste assez pour produire deux enfants. Puis, survint une longue panne de désir: dix ans avant que le pénis de Jack entre à nouveau en contact avec Sylvaine. Mais l'attente en aura valu la peine. Jack et Sylvaine forment maintenant le seul couple au monde au sein duquel le désir sexuel pour l'autre augmente avec l'âge. «Tous nos amis ont cessé de faire l'amour, mais Jack et moi devenons de plus en plus inventifs. La semaine dernière, j'ai fait des crêpes avec son sperme et il les a mangées sur mon corps nu!» Jack rit et ajoute que c'est à ce moment-là que Diane, leur fille cadette, a décidé de partir en appartement.

La pornoquoi?

Tout un phénomène que ce Erico Montalban! L'Espagnol de 27 ans est le seul homme au monde à ne jamais avoir consulté de site porno sur Internet. «Un site quoi?», nous a-t-il demandé lorsque nous l'avons approché pour une entrevue. Ses amis, étonnés et un peu embarrassés pour lui, lui rappellent périodiquement qu'il est possible de trouver des photos de gens tout nus sur la toile. Erico a bien tenté à quelques reprises d'aller vérifier leurs dires, mais en vain. «J'étais vraiment motivé, mais je n'ai pas su quel mot utiliser pour ma recherche Google!» À la fin de l'entrevue, notre photographe Lindy a tapé quelques mots dans le moteur de recherche du naïf recordman. Après avoir jeté un coup d'œil aux résultats, Erico s'est enfui de chez lui en hurlant comme une fillette. Sacrée Lindy, il ne fallait pas commencer par «double pénétration anale»!

BLAGUES À NE PAS FAIRE

Mélangez sexe et humour à vos risques et périls.

Fausse bonne idée: Vous retenir le plus longtemps possible et lui faire le coup de l'éjaculation faciale surprise.

Risque: Être obligé de devenir éjaculateur précoce pour lui prouver que vous ne recommencerez plus jamais.

Fausse bonne idée: Vous laisser un peu trop aller pendant le cunnilingus ou la fellation.

Risque: Que vos odeurs corporelles évoquent soudain un parfum de rupture.

Fausse bonne idée: Évoquer l'image maternelle pendant l'amour.

Risque: Avoir à payer de votre poche ses frais de psychiatre.

Fausse bonne idée: Avant son départ pour le travail, consteller son visage de barbouillis rigolos au feutre indélébile.

Risque: Avoir à expliquer votre conception de l'humour à un chômeur furibond.

Fausse bonne idée: Mettre de la poudre à gratter dans son slip.

Risque: Vous tromper et utiliser de la poudre pyrotechnique. KABOUM!

Fausse bonne idée: Dessiner des boutons rouges sur vos organes génitaux et lui demander « À ton avis, c'est normal, ces trucs? »

Risque: Vous faire répondre qu'il a le même problème et qu'il voulait justement vous en parler.

L'ORGASME EN 10 ÉTAPES FACILES

Mystérieux orgasme! Si facile à feindre et parfois si difficile à atteindre. Sachez comment apprivoiser cet animal sauvage grâce à ces 10 étapes faciles d'exécution.

Pour les femmes:

1. Allongez-vous confortablement dans une position propice à la jouissance.

2. Exigez de votre partenaire qu'il réussisse à atteindre votre clitoris avec sa langue sans que vous n'ayez à perturber la position définie au point 1.

3. Quinze secondes après que votre partenaire se soit mis à la tâche, exigez qu'il aille se raser.

4. Pendant qu'il est parti, caressez-vous en cachette pour prendre un peu d'avance.

5. Lorsqu'il aura repris sa position, indiquez-lui si vous préférez un cunnilingus: directement sur le clitoris ou un peu à côté (précisez s'il s'agit d'à côté en dessous, au-dessus, ou à un angle de 90 degrés); avec mouvements légers ou appuyés, ou entre les deux; s'il doit plutôt lécher ou plutôt sucer, ou les deux; avec ou sans doigt dans le vagin ou l'anus; combien de doigts, etc.

6. Après six minutes, changez d'avis sur les paramètres.

7. Demandez-lui s'il trouve que ça vous prend trop de temps. Il répondra que non. Obstinez-vous et créez un malaise.

8. Dites-lui d'arrêter, que ça ne vaut pas la peine, que l'important n'est pas de jouir à tout prix mais d'avoir du plaisir sous toutes ces formes. Il finira par vous donner raison.

9. Priez-le de continuer quand même, tant qu'à être rendus là.

10. Pensez à votre masseur/votre masseuse, votre cousin/votre cousine, Brad Pitt, les corps nus et bronzés des membres du personnel rencontrés lors de votre dernier séjour à la plage, votre comptable.

11. Ça y est! Vous jouissez! C'est vrai, non, vous avez joui, là? Pas de mensonges entre nous, hein? Bon.

   (Oups, finalement, chez la femme, il y a onze étapes.)

> Essaie de pas te planter dans les étapes cette fois-ci...

Pour les hommes:

1. Bandez. Ah, c'est déjà fait? Bravo.
2. Insérez votre pénis dans un orifice prévu ou non à cet effet.
3. Oh! Regardez! Ça entre et ça sort! Encore et encore! Waouh! C'est trop cool.
4. Ça y est! Vous jouissez! Ah, pardon, vous aviez déjà joui à l'étape 3. Bravo.

(Finalement, pour les hommes, il n'y a que trois étapes.)

ET VOUS,
IL VOUS SERA IMPOSSIBLE
DE JOUIR SI...?

 ... j'ai l'impression que ça me prend trop de temps. Je fige!

 ... psychologiquement, si ma partenaire n'en a pas fait autant, ou presque. C'est une question de plaisir partagé. Physiquement, avec une fellation sans âme ni talent.

 ... j'entends les enfants, si mon chum a les ongles trop longs ou s'il me parle, si j'entends de la musique, si les rideaux ne sont pas bien tirés, si j'ai mes règles et que j'ai peur de salir les draps, si je stimule mon chum en même temps, s'il est tard et que je pense à ma journée du lendemain... Bref, la jouissance demande une quantité considérable de concentration.

 ... la fille ne m'allume pas du corps et de la tête et si j'ai pris quelques verres de trop.

 ... je ne suis pas couchée sur le dos. Je ne sais pas trop pourquoi!

 ... j'ai des pensées parasites, du genre: les tâches de ma journée qui s'annonce.

 ... je suis dans la chambre à côté de mes parents. Impossible, j'ai déjà essayé!

 ... je gaspille deux condoms de suite parce que je les installe du mauvais bord. (Celui qui fait qu'il ne se déroule pas.) Installer un condom, c'est comme aller se faire un toast pendant la baise. Ça gâche un peu l'atmosphère. Alors plus vite ça se passe, mieux c'est.

 ... je ne me touche pas trente minutes. Je sais, c'est lonnnnng!

LA SCIENCE DE L'ORGASME!

Vous avez toujours rêvé de pouvoir calculer la puissance de votre jouissance? Grâce à l'Orgasmomètre^MD, donnez à vos ébats sexuels la saveur scientifique qui leur manquait!

- Affichage numérique d'une précision de deux chiffres après la virgule
- Technologie à semi-conducteurs pour une lecture ultrasensible de vos paramètres orgasmiques (rythme cardiaque, tremblements, gémissements, sudation)
- Avec son châssis en aluminium et ses roulettes de déplacement, il s'adapte aux ébats les plus frénétiques
- Garde en mémoire les résultats de vos 5 derniers orgasmes!
- Évaluations disponibles en temps réel grâce à notre console vocale
- Option: Combinez orgasme et recherche du poids santé avec l'affichage de votre indice de masse adipeuse!

SEULEMENT 12 PAIMENTS FACILES DE 59,99 $

Ça vient, là?

PEUT. FAIRE. MIEUX.

Non! Je sens rien...

L'Orgasmomètre est tellement bruyant que je ne m'endors plus pendant l'amour. MERCI ORGASMOMÈTRE!

Démasquez les insatisfaits chroniques! Votre partenaire se plaint que vous ne lui donnez que des orgasmes très moyens? L'Orgasmomètre^MD mettra les pendules à l'heure!

Épatez vos amis! Muni d'une antenne Bluetooth, l'Orgasmomètre^MD retransmet instantanément vos résultats sur vos comptes Facebook et Twitter!

Nous recommandons de confier l'installation à des professionnels. Des frais minimes s'appliquent.

GRAND TEST POUR EN FINIR AVEC L'ORGASME SIMULTANÉ

Avec lequel de ces partenaires avez-vous le plus de chances d'atteindre l'orgasme simultané ?

A. Avec votre conjoint, le samedi soir, quand les enfants dorment depuis au moins deux heures ;

B. Avec monsieur Touchette, le mardi après-midi au motel ;

C. Avec Xiao, un pâtissier de Beijing ;

D. Avec Alejandro, un chaud plombier toscan.

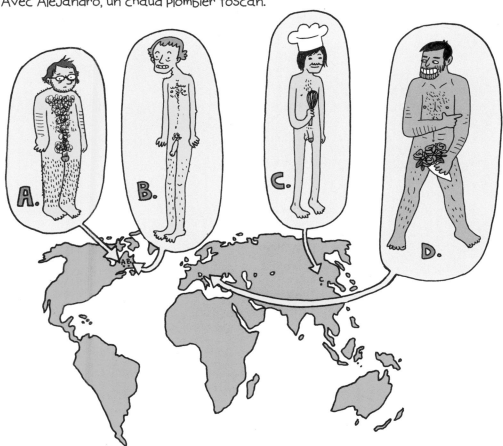

Réponse : C ou D, évidemment. Atteindre l'orgasme simultané avec votre conjoint ou monsieur Touchette exige une maîtrise exceptionnelle de votre propre corps ainsi qu'une connaissance approfondie du leur. Et ça, soyons francs, c'est beaucoup trop de travail. Par contre, jouir en même temps qu'un inconnu qui se trouve ailleurs sur la planète est très facile.

Le seul inconvénient, c'est que vous ne vous en apercevrez jamais.

ET VOUS, L'ORGASME SIMULTANÉ, ÇA VOUS BRANCHE?

 Vraiment. C'est encore plus intense.

 Ça branche surtout mon chum. Pour moi, malheureusement, ça a été expérimenté peut-être deux fois mais simulé un nombre incalculable de fois...

 Pantoute. Je trouve que c'est une machination féministe pour faire croire aux jeunes filles que les contes de fée existent. Je préfère jouir après ma partenaire. Comme ça, j'ai le sentiment du devoir accompli.

 Oui, c'est chouette, mais j'aime bien voir le gars jouir aussi... c'est tellement beau, hé hé!

 C'est parce que, des fois, les gars me font pitié. Ils pensent vraiment que ça va se produire et bon... Tant qu'à rien dire, aussi bien simuler. C'est correct, c'est pas un si gros mensonge!!!

 Complètement. 110 %. J'ai fini, il a fini, on peut donc enfin dormir en paix. Et quelle paix voluptueuse que celle qui vient après l'orgasme!

 Étrangement, ça m'est arrivé souvent avec une partenaire, mais très rarement ou jamais avec les autres. Elle faisait peut-être semblant pour se débarrasser, qui sait? Mais quand ça arrive, c'est le fun. Ça donne l'impression d'être à la même place en même temps.

 Oui, mais j'ai jamais réussi!

QUESTION DE GOÛT

Rhonda Butternotch, notre sexologue en résidence,
répond à la question d'une lectrice en émoi.

Chère Rhonda,

Je suis une femme qui apprécie les choses dégoûtantes comme le foie, le caviar, les huîtres et les tartines au beurre d'arachide et aux cornichons. Mon copain affirme que, cela étant, je n'aurai aucun problème avec le goût du sperme. A-t-il raison?

Signé: Fine bouche

Chère Bouche,

Vous me rappelez sans le vouloir une anecdote fort cocasse survenue lors de mon émission de télévision hebdomadaire *Du sexe avec Rhonda*. Une téléspectatrice m'avait demandé si le sperme avait un goût agréable, et j'avais entrepris de lui donner en ondes ma propre recette secrète de lapin sauté à la moutarde, dans laquelle le sperme de mon conjoint joue un rôle non négligeable. À mon grand étonnement, un caméraman est monté sur le plateau et il m'a murmuré à l'oreille cette confidence déroutante: la plupart des gens avalent le sperme *nature*, directement du pénis de leur partenaire. J'en ai ri pendant dix minutes. Ce fut un beau moment de télé, mais je compris la leçon. Depuis, je lis attentivement les dossiers de mes recherchistes.

Pour répondre à votre question, d'après un sondage effectué auprès de ma blanchisseuse, le sperme goûte: l'eau de Javel, le sel, le métal (plutôt zinc que fer) et le mélange à gâteau blanc sans sucre. Je vous suggère de commencer par préparer vous-même votre «sperme maison» avec ces ingrédients, afin d'effectuer un test de goût. S'il n'est pas concluant, il vous reste toujours le lapin sauté.

Bon appétit!

Rhonda

FAITES VOTRE SPERME MAISON

INGRÉDIENTS: 1½ tasse de farine tout usage , 2½ c. à thé de poudre à pâte , ½ c. à thé de sel , ½ tasse de graisse, 1 tasse de sucre, ½ c. à thé de vanille, 2 œufs, ¾ de tasse de lait

Mélangez le tout avec vigueur, d'un air coquin et sensuel, jusqu'à ce que vous ayez le bras en compote. La pâte ainsi obtenue est à peu près lisse? Alors, c'est prêt!

DÉGUSTATION: Avalez uniquement une demi-cuillère à soupe du mélange en vous rappelant que même si certains hommes s'imaginent pouvoir éteindre un feu de forêt avec leur éjaculation, rare sont ceux qui produisent plus de 7 ml de sperme à la fois.

Pour une véritable *girlfriend expérience*, au lieu d'avaler, recrachez le mélange dans un mouchoir puis, **A)** souriez sans conviction en détournant le regard, ou **B)** exclamez-vous rageusement « Je t'avais dit de me prévenir avant!» Peu importe la réaction que vous choisirez, courez ensuite vous brosser les dents.

Les plus futés mettront le reste du mélange au four à 350° F pendant 45 minutes et obtiendront un beau gâteau blanc.

> Finalement, le sperme, j'aime mieux ça cuit!

À VOTRE AVIS, LE SPERME, ÇA GOÛTE QUOI ?

 La croûte de camembert pourri. Quand il en mangera avec moi, j'en mangerai aussi. Sinon, je préfère le foie gras.

 L'eau de Javel. Et ça engourdit la langue! Il y a des gars qui «goûtent» plus fort que d'autres... J'avoue que je ne suis pas une grande fan.

 Une ex m'a déjà dit: «T'as mangé des œufs, hein? Ça paraît! » Donc ça doit être un peu comme le tofu, ça prend le goût...

 Salé. Ne me demandez pas pourquoi je le sais.

 C'est pas tant le goût que l'odeur: ça sent la pâte à crêpes. Ma voisine trouve plutôt que ça sent et goûte la croûte du fromage brie.

 Ça dépend des gars... J'ai connu un gars qui avait un sperme hyper sucré, super bon (!!), mais en général c'est un petit peu salé et laiteux... Je sais pas, c'est dur à décrire.

 Facile. L'eau de Javel.

 Ça goûte le blanc-manger non sucré. Mais pourquoi ils ont fait de si belles bêtes avec du sperme qui n'est pas sucré?

 Approche, voir.

LA DIPLOMATIE DU REFUS

«J'ai mal à la tête», «je suis fatigué», «mon dos me tue»... Autant d'excuses éculées qui ne disent que trop clairement à votre partenaire qu'il aurait plus de chance de se faire frapper par la foudre que de faire l'amour ce soir. Soyez au moins assez gentil(le) pour surprendre votre douce moitié avec des excuses qui lui donneront de quoi oublier ses plans sensuels:

- Je crois que j'ai un début de gastro, ou alors c'est la lèpre.
- Je suis trop ébranlé, j'ai failli écraser un enfant en voiture.
- Oui, faisons l'amour. Tu en profiteras pour regarder les drôles de petits boutons que j'ai près du gland.
- Impossible, j'ai un rapport sur la cruauté envers les animaux à rendre demain.
- La petite ne dort pas encore, je crois qu'elle fait de l'anxiété claustrophobe.
- La petite s'est endormie trop vite, je crois qu'elle fait une méningite.
- J'ai trop de peine à cause des conflits au Moyen-Orient.
- Faisons une prière avant de commencer.
- Je me suis fait enlever par les extra-terrestres sur l'heure du midi et ils ont procédé à l'ablation de ma libido.
- Faut que je regarde *Pyramide*, il y aura le cousin de la belle-sœur du propriétaire du nettoyeur à sec!
- Moi, ça me tente, mais mes sept autres personnalités préfèrent qu'on termine mon roman policier.

- J'ai oublié de mettre «baiser» sur ma liste de tâches ce matin, fais-moi-y penser pour demain!
- J'attends un appel important d'une compagnie de sondages.
- Les draps ne sont pas propres.
- Je ne suis pas propre.
- Tu ne sens pas le propre.
- Je viens de prendre une douche, je ne veux pas me salir!
- Je t'en veux encore pour le dégât d'eau du sous-sol.
- L'horoscope me dit qu'on peut le faire aujourd'hui, mais juste à Cuba.
- On l'a déjà fait il y a seize jours, deux heures, quarante-sept minutes et vingt-trois secondes.
- J'ai perdu mes élections.

ENVIE DE FUMER ?
Faites comme monsieur Touchette, mettez votre main dans vos bobettes!

LA MASTURBATION THÉRAPEUTIQUE À LA RESCOUSSE DES FUMEURS!

Récemment, on a pu voir fleurir sur les panneaux publicitaires une affiche intrigante...

C'est qu'une récente étude de l'Agence de la santé publique du Canada a conclu à la pertinence de contrer le tabagisme par la masturbation thérapeutique.

En effet, les gens fument pour les mêmes raisons qu'ils se masturbent, c'est-à-dire:

- Pour se détendre
- Pour chasser les idées noires
- Pour procrastiner

- Pour combler un manque
- Pour tripoter quelque chose
- Pour déranger leur entourage

Il semble aussi que le processus qui mène à fumer est le même que celui qui mène à la masturbation. À ce sujet, voici le témoignage éloquent d'un participant à l'étude, monsieur Gilles Touchette:

« Souvent, je me retrouve avec une cigarette à la bouche sans même me rendre compte que je l'avais sortie du paquet. Souvent, je me retrouve avec une main dans les culottes sans même me rendre compte qu'elle n'était plus sur la télécommande de la télé. »

Mais, malgré toutes ces similitudes entre le tabagisme et l'onanisme, les chercheurs ont été ébahis de constater que, contrairement à la cigarette, la masturbation ne donne pas le cancer!

De là à considérer la masturbation comme un moyen de choix pour arrêter de fumer, il n'y avait qu'un pas.

Santé Canada invite donc les employeurs à mettre en place, sur les lieux de travail, un environnement accueillant pour permettre aux fumeurs de combattre leur funeste dépendance en toute sérénité.

SECTION 4

POUR EN FINIR AVEC L'ÉROTISME, LES FANTASMES ET LES PERVERSIONS

LES SECRETS D'UNE POSE ÉROTIQUE RÉUSSIE, avec Mona Touchette

La frontière entre la vulgarité et l'érotisme est parfois aussi ténue que la bande arrière d'un string. Apprenez les rudiments de la pose érotique avec notre mannequin d'un jour.

Le poil, c'est *vomitif*. Ayez une chevelure luxuriante, des cils et quelques sourcils, mais PAS DE POIL. *Jamais, nulle part.*

Une table de cuisine, c'est *vulgaire*. Étendez-vous sur une peau de gros animal mort ou sur un divan uni. Évitez comme la peste les tissus aux motifs de cupcakes.

Laissez les talons plateformes aux danseuses. C'est *top-vulgaire*. Nu-pied, c'est bien. Des souliers de flamenco, c'est *érotique*. Des souliers à claquettes, c'est *pervers*.

Montrer son vagin, c'est le summum du *vulgaire*. Montrer ses fesses, c'est *érotique*. Si vous êtes photographiée côté vulve, camouflez-la avec de la dentelle, un essai philosophique ou un instrument de musique sensuel (une mandoline, OUI ; un triangle, NON).

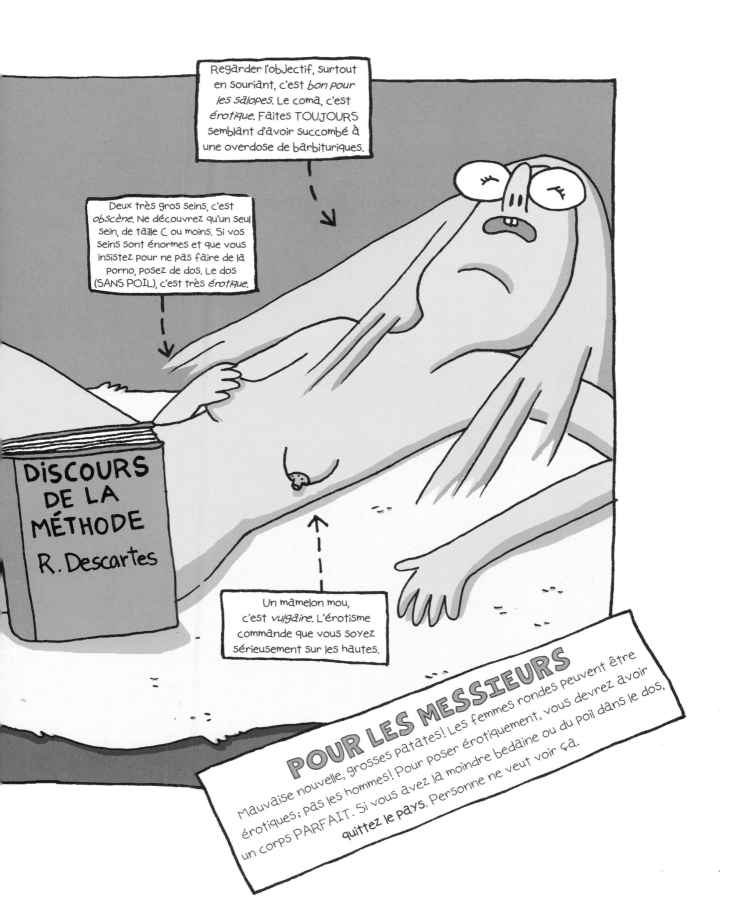

ÉROTISSIMO!

Les rédactions des magazines adorent enrichir la vie sexuelle de leurs lecteurs et lectrices à grands coups de trucs et astuces inédits. Nous avons rassemblé ici quelques conseils (tous proposés sérieusement dans de vrais magazines féminins) afin de bâtir pour vous la relation sexuelle la plus érotique qui soit.

Madame, avant toute chose, enfilez un t-shirt mouillé que vous garderez tout au long de la relation sexuelle. Puis, afin d'éveiller les sens de votre amant chéri, égratignez son pénis avec un peigne fin.

Monsieur, à vous de jouer! Rendez-la folle de désir en humectant très lentement chaque centimètre carré de son corps à grands coups d'une langue largement déployée.

Lorsque vous serez bien dégoulinante de salive, Madame, vous caresserez son membre dressé avec de la nourriture visqueuse.

HAAAA!! J'ai une phobie des poulpes!

Ben non, tu vas voir, la texture est SUPER le fun!

Ça fait combien de temps, là ?

Quinze secondes...

C'est le moment de la pause tantrique!
Regardez-vous tous les deux dans les yeux
pendant au moins trois minutes.

Ensuite, Madame, rien ne traduira mieux
votre sensualité exotique qu'une fellation
administrée avec la bouche pleine de mangue.

Il est temps pour monsieur d'appliquer la technique dite « du burrito »:
enroulez votre partenaire dans les draps jusqu'à immobilisation
complète et léchez-lui les orteils.

Lorsque vous serez à nouveau libre, Madame, aspirez les testicules
de votre amant dans votre bouche et fredonnez *Gens du pays*.

In Raisinum Félicitas! Monsieur, appuyez un raisin congelé
sur le clitoris de votre amante en extase et grignotez-le.

Emportés par la passion, tartinez-vous tous les deux de pouding
et faites l'amour pendant deux heures.

S'cuse, j'arrive pas à bander, t'as vraiment trop l'air d'un hamster...

Juste avant l'orgasme de madame, monsieur
prendra soin de mettre du poivre sous son nez.
Aaah, aaah, aaah, atchoum!

Madame, remerciez votre amant de son
savoir-faire en lui faisant rouler une canette
de soda à l'intérieur des cuisses.

Pour finir, Monsieur, faites la démonstration de
votre tendresse infinie envers votre amante en
appliquant amoureusement son vernis à ongles
ou en rasant vous-même ses jambes.

Si votre couple survit à cette soirée érotique par excellence,
c'est que vous deux, c'est pour la vie.

DIPLOMATIE DES PERVERSIONS ET AUTRES CONTRARIÉTÉS

En matière de sexe, tout le monde sait qu'il faut mettre un condom.
Mais, parfois, il faut aussi enfiler des gants blancs.

Ne dites pas...

J'aime fréquenter les salons de massages érotiques.

Je pense que ton ex a posté des vidéos pornos de toi sur le Web.

Je pourrais passer des heures sur PornTalk.

Je suis nécrophile.

J'ai un accès d'herpès.

J'ai des problèmes d'éjaculation précoce.

Tu pues du vagin/de la bite.

Retourne-toi donc! L'enculade, c'est pas pour les chiens!

J'ai utilisé ton ordinateur pour consulter des sites de zoophilie.

Arrête de me pénétrer comme un marteau-piqueur!

Je n'ai vraiment pas envie de baiser avec toi.

www.dogfucker.com

Dites plutôt...

Je pratique des techniques de relaxation alternatives.

C'est drôle comme j'ai déjà l'impression de te connaître par cœur!

En sexualité, l'important, c'est la communication.

Pourrais-tu faire semblant de dormir pendant qu'on baise, s'il te plaît?

J'ai lu dans un magazine que trois semaines d'abstinence, ça pouvait être bénéfique pour un couple.

Jamais quelqu'un ne m'a excité autant que toi!

Ça te dirait de faire l'amour sous la douche?

Mon amour, que dirais-tu de regarder ensemble dans la même direction?

Comment ça s'efface, déjà, un historique?

Mon ex faisait comme ça jusqu'à ce qu'il se fracture le pénis.

J'attends que nous réunissions les conditions gagnantes.

POUR EN FINIR AVEC LES FANTASMES

Tout le monde a ses fantasmes. Tout le monde, sauf vous? Et ça vous énerve? Cessez de vous creuser la tête! Pourquoi inventer des invraisemblances pour avoir l'air libéré et extra pervers? Il est beaucoup plus facile et consolant de démolir les fantasmes de vos amis.

Si on vous dit...

Moi, là, mon fantasme ultime, c'est de faire l'amour avec deux femmes en même temps!

Je rêve que mon chum se mette une cagoule et fasse semblant de me violer!

Heille, moi, là, j'aimerais assez ça baiser une Asiatique!

En tout cas, je ne détesterais pas ça, moi, baiser le mari de ma boss!

Je rencontre une inconnue et, après un seul regard, on se retrouve dans la ruelle en train de baiser. Ça, ça serait cool!

J'adorerais que ma blonde m'accueille à la maison en portant seulement de la lingerie fine!

Répondez...

Pauvre chou, tu t'imagines que tu saurais quoi faire avec quatre seins et deux vagins? Si je me fie à ce que m'a raconté Sophie, tu te trompes. Loser.

Bon, on est tannée de prendre nos responsabilités? On va laisser l'homme fort décider de ce qui va se passer dans nos culottes? Plus d'un siècle de féminisme pour en arriver à ça... Tu fais pitié.

Tiens, un Occidental en mal de colonisation qui veut se ramener une geisha à domicile! L'an prochain, tu vas vouloir baiser une Portugaise en espérant qu'elle fasse ton ménage après? Raciste.

Tu as conscience que la lutte des classes existe encore, bravo. Mais au lieu de t'impliquer dans le syndicat, tu rêvasses au zizi du mari de la patronne. Dégonflée.

C'est dur, hein, séduire une fille? Ça prend de l'énergie, du temps, de l'intelligence... pis t'es pas sûr d'en avoir. Je te comprends. Et je te méprise.

T'aimerais ça qu'elle mette des vêtements avec lesquels elle ne peut pas sortir de la maison? Une belle petite esclave en dentelle, ça reste une esclave. Maudit mâle oppresseur.

ET VOUS, VOTRE PLUS GRAND FANTASME, C'EST QUOI?

 Faire le tour du monde de l'amour: avoir une relation intime avec une fille de chaque nationalité planétaire, et le faire en ordre alphabétique pour ajouter au défi. Je commencerais avec une Afghane et je terminerais avec une Zimbabwéenne. Absolument authentique, je dis pas ça pour faire mon comique.

 Les mots qu'il me susurre, les lettres qu'il m'écrit. Comme il ne le fait pas souvent, je le fantasme!

 Le Black à la grosse queue qui me prend un peu brutalement (mais pas trop, juste assez) qui jouit et qui me bouffe la chatte après avoir joui (c'est vachement cool d'être anonyme, on peut se lâcher lousse).

 J'aimerais qu'il existe une loi nous autorisant à pouvoir donner une tape sur les fesses de quiconque du sexe opposé nous précédant dans un escalier ascendant. MMMMMMM!

 Je te dirais que, ces jours-ci, mon fantasme favori est de faire l'amour tout court (ça se fait rare). Sinon, j'adore faire l'amour dehors, n'importe où mais dehors.

 Le sexe avec une inconnue sans échanger une seule parole.

 Qu'un massage professionnel dérape en massage érotique. Mais, si ça arrivait en vrai, j'appellerais la police.

 Deux filles qui se frenchent en y entremêlant mon pénis.

 Je n'en ai pas et je vous emmerde.

UN MESSAGE D'INTÉRÊT PUBLIC DE L'ÉCOLE DE PORNOGRAPHIE SUPÉRIEURE

Vous possédez un pénis de quarante centimètres? Des seins gros comme des pastèques? Vous n'avez plus un seul poil sur le corps et vous avez le teint blême de quelqu'un qui passe ses nuits à fréquenter les orgies? Et, tout naturellement, vous vous dites: «J'ai tout pour devenir un top-modèle porno grassement payé»?

GROSSIÈRE ERREUR!

Les plus grands top-modèles pornos ne doivent pas leur succès à leur organes sexuels perfectionnés par la chirurgie. Ils se distinguent par la qualité des expressions de leur visage.

À l'École de pornographie supérieure (EPS), nous vous guiderons vers la maîtrise des expressions les plus en demande de l'industrie porno, des plus simples...

Comment prendre l'air éberlué de quelqu'un qui se rend compte qu'une main s'est subrepticement glissée dans son vagin

Comment communiquer toute l'admiration et la tendresse que vous avez pour votre gros zizi en érection

... jusqu'aux plus nuancées:

Comment regarder votre poitrine de l'air de quelqu'un qui s'extasie devant un bébé naissant

Comment examiner votre pénis comme s'il s'agissait d'une télécommande compliquée

Comment faire comprendre au monde entier que la double pénétration anale est la chose la plus hilarante qui soit

Inscrivez-vous dès maintenant à l'EPS pour dire assez à l'amateurisme et la superficialité! Résultats en six semaines garantis!

Grâce à l'École de pornographie supérieure, vous aurez le cul étampé dans le visage!

ET VOUS, AVEZ-VOUS DÉJÀ ESSAYÉ QUELQUE CHOSE QUI NE S'EST PAS RÉVÉLÉ À LA HAUTEUR DE VOS FANTASMES ?

 Avoir une relation sexuelle dans une salle d'attente de bureau de comptable. Un peu trop stressant. Sinon, de manière générale: le *one night*. Y'a rien de plus antisexuel.

 Le vibrateur. Et coucher avec une fille.

 Une orgie.

 Le couple.

 Baiser avec un Français. Ah, ah!

ET VOUS, QUELLE EXPÉRIENCE SEXUELLE VOULEZ-VOUS ABSOLUMENT TENTER AVANT DE MOURIR ?

 Le faire tous deux entièrement nus dehors en plein soleil. Rien de bien extravagant.

 Avoir un orgasme vaginal!

 Je réessaierais bien une orgie, tout d'un coup que...

 Baiser à 85 ans.

 Coucher avec une Asiatique. Si on se fie aux rumeurs, ça a l'air plaisant.

 Rien. Si j'en ai vraiment envie, je l'essaye, mais je n'ai envie de rien de spécial en ce moment!

L'UNIVERS MERVEILLEUX DES JOUETS ÉROTIQUES

On a cherché, mais on n'a pas réussi à inventer des jouets sexuels plus rigolos que ceux qui existent déjà sur le marché. À se procurer seulement si l'on possède un tiroir de table de chevet qui se verrouille.

99⁹⁹ +tx

1. The Concubine Masturbator (99,99 $): Bientôt offert en version *vraiment* complète (avec glacière remplie de bière intégrée).

24⁹⁹ +tx

2. I Rub My Duckie (24,99 $): Qui n'a pas déjà fantasmé sur Donald Duck ? Hein, qui ?

214⁹⁹ +tx

3. Drill-a-Hole Fucking Kit (214,99 $): Un beau matin, Bob le bricoleur s'est réveillé avec une idée géniale.

92⁹⁹ +tx

4. The Cone (92,99 $): Quand se dilater la rate ne suffit plus.

ACIER CHIRURGICAL

119⁹⁹ +tx

5. Le spéculum anal (119,99 $): Pour ceux qui ont besoin de se sentir vraiment trop proche de leur partenaire.

79⁹⁹ +tx

6. Electro-Sex Glove Set (79,99 $): Pour ne plus jamais s'endormir pendant l'amour.

69⁹⁹ +tx /ch.

7. FleshLight (69,99 $):: Pour ceux qui ont peur de se masturber dans le noir.

8. Dildo Gas Mask (99,99 $): Ceux qui n'ont jamais eu de partenaire pétomane ne peuvent pas comprendre.

99⁹⁹ +tx

ET VOUS,
QUEL GADGET SEXUEL
FERAIT VOTRE BONHEUR?

 Une machine qui me permettrait d'avoir du sexe virtuel avec n'importe qui! Sinon, ma main, c'est bien aussi.

 De la lingerie chauffante. Je déteste faire l'amour quand j'ai froid.

 Une salle (remplie de jolies filles).

 Quelque chose qui vibre et qui ressemble à un pénis (ha, ha!).

 Une vraie fille.

 Qu'il se fasse greffer d'autres mains. Ou une transformation génétique secrète pour qu'il devienne une pieuvre le soir venu.

ET QUEL GADGET
N'A PAS REMPLI SES PROMESSES?

 N'importe quel objet rentré dans le derrière...

 Le lubrifiant Astroglide. C'est pas si bon que ça, y sèche super vite!!!

 Une salle (remplie de jolies filles).

 Un vibrateur conçu pour le point G. C'est comme un détecteur de fantômes: ça sert à rien!

 Le vibrateur. Déception totale. Peut-être qu'il me faudrait un autre modèle. Ou, ah! encore mieux, qu'on puisse en emprunter à la bibliothèque pour les essayer. Le chariot pour rapporter les livres pourrait être transformé en lave-vibrateurs.

 Des menottes. Le plus gros problème des menottes c'est qu'il faut une tête de lit qui permet de les accrocher. Sinon c'est trop con, il faut faire doublement semblant: semblant de se trouver dans une situation avec un méchant malade qui nous menotte et, aussi, semblant d'être vraiment menottée.

 Le concombre chambré, coupé, épépiné. Beaucoup de travail pour pas grand-chose. Mais c'est bon pour la peau.

 Une banane. Dans le noir, on n'avait pas vu qu'elle était trop mûre. Elle n'a pas survécu à la pénétration... et c'était dégoûtant.

DRÔLE DE JEU DE RÔLE !

Votre vie sexuelle manque de piquant, et votre tendre moitié vous supplie de l'agrémenter à l'aide d'un déguisement? Faites-lui voir des étoiles! Découpez les douze yeux ci-joints et collez-les partout sur votre corps. En quelques minutes à peine, vous voici devenue Brelia, l'extraterrestre.

Votre mission: examiner de très près cet insolent mortel à l'aide de votre pistolet à rayons gamma (une banane bien verte fera l'affaire). Parions que, demain, vous pourrez vous endormir tôt.

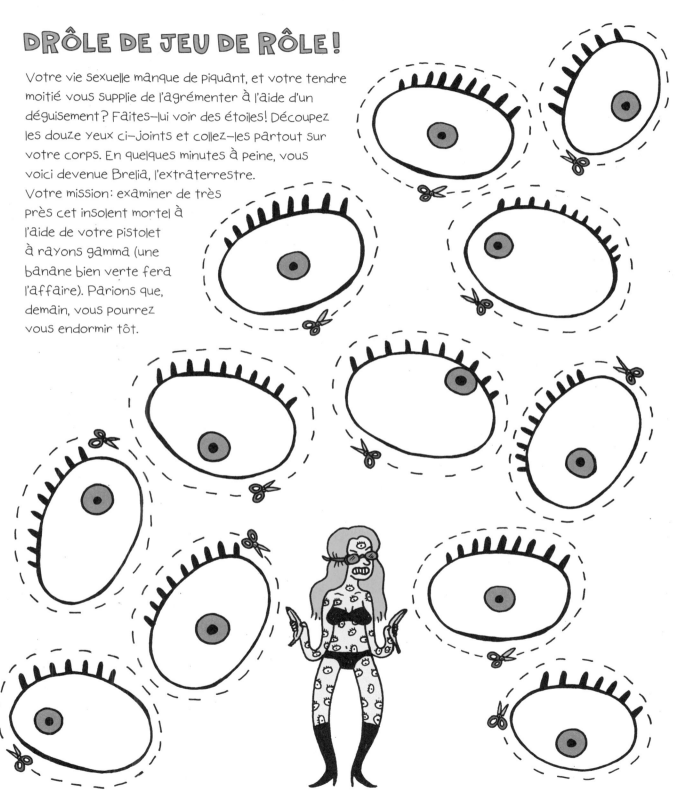

LE SEXE
MASQUÉ

Faites enfin l'amour
comme des vedettes
en portant ces
masques d'Angelina
et de Brad. Et après
l'acte, plutôt que de
fumer une cigarette, pourquoi
ne pas vous rendre au Togo pour
adopter deux ou trois enfants?

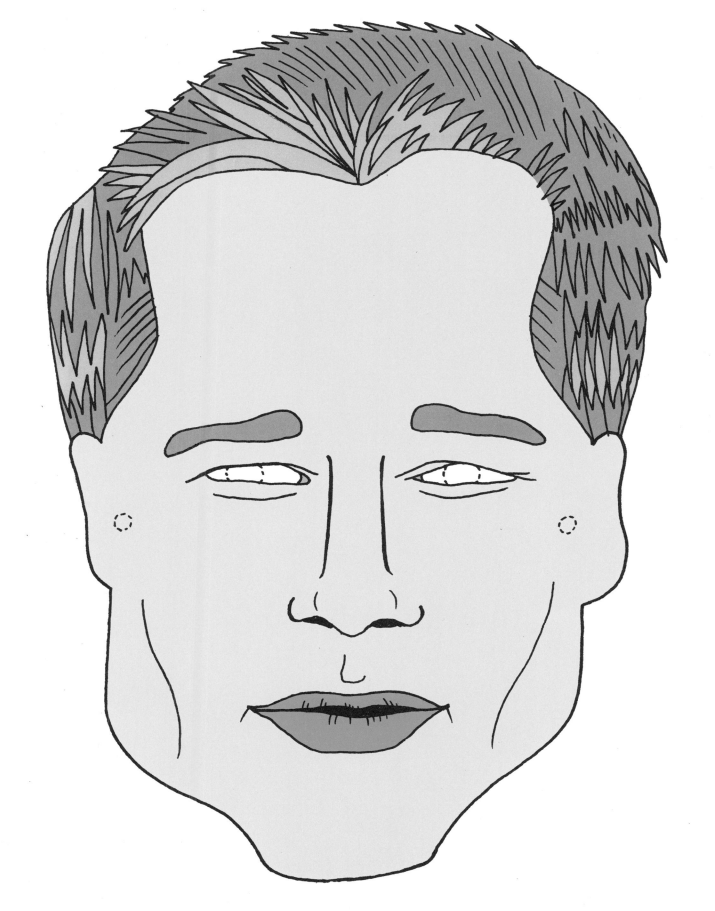

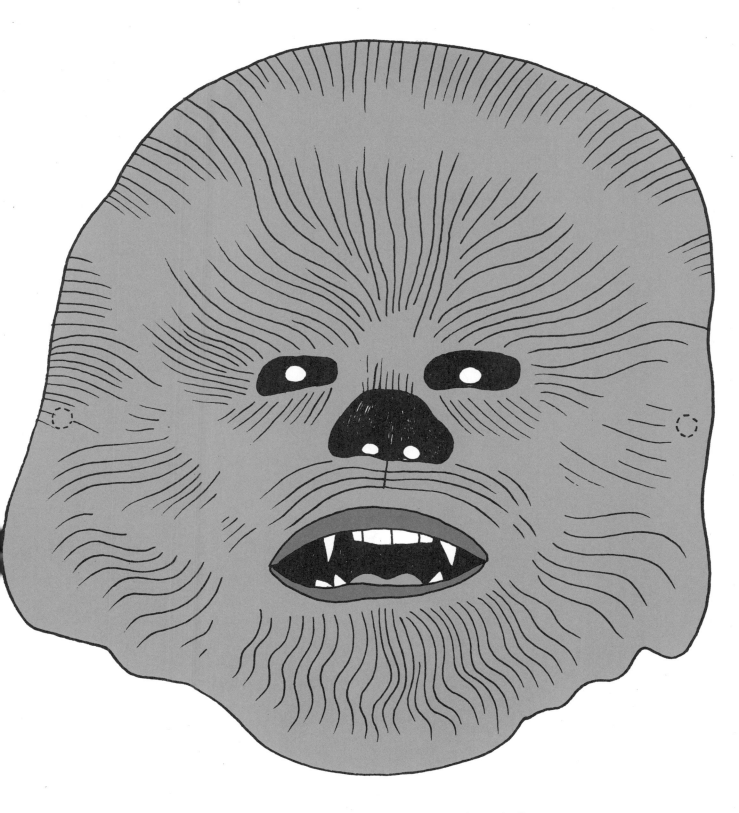

Chewbacca sous l'emprise sexuelle de Darth Vader?
Pourquoi pas? Après tout, il n'est pas son père.

FOCUS: GROUPES

Rhonda Butternotch, notre sexologue en résidence,
répond à la question d'un lecteur en émoi

Chère Rhonda,

Depuis quelque temps, des échos lubriques me parviennent des sous-sols de banlieue et me susurrent les joies du sexe en groupe. Devrais-je déménager à Repentigny et laisser libre cours à mes penchants pour les attroupements impudiques?

Signé: Un loup en couple qui rêve de joindre une meute

Cher Loup,

Ayez confiance en vos désirs. À notre époque dégénérée, tout est permis! Et beaucoup de belles découvertes vous attendent, peu importe le genre de groupe qui vous titille.

Baiser à trois sera l'occasion rêvée pour découvrir le moment exact où votre partenaire devient fou furieux de jalousie: au premier regard de concupiscence échangé avec le nouveau partenaire? après le premier baiser? pendant le sexe oral? au beau milieu de la pénétration? ou deux ans plus tard, alors que vous aviez oublié toute l'affaire?

L'échangisme est tout aussi réjouissant. Sous prétexte d'ouvrir votre couple à d'autres partenaires afin d'approfondir votre relation ensemble, vous pourrez tromper votre conjoint en toute légitimité. Vous pourrez également vous étonner de la force des cris de jouissance que votre partenaire habituelle pousse dans les bras de quelqu'un d'autre. Ça faisait longtemps que vous ne l'aviez pas entendue s'égosiller comme ça, non?

L'orgie! C'est l'endroit idéal pour apprendre que le condom ne protège pas de toutes les maladies transmises sexuellement. Si vous êtes du genre peu affirmatif ou simplement bienveillant, vous aurez aussi l'occasion d'avoir des relations sexuelles avec des gens qui ne vous plaisent pas du tout. Vous chercherez en vain votre conjointe parmi la foule et la découvrirez, attachée au dieffenbachia et ne demandant pas mieux que de passer la nuit à répondre aux exigences de quinze inconnus à la fois. Quelle belle occasion de faire un bilan de votre vie de couple!

Vous voilà rempli d'enthousiasme et prêt à faire tomber toutes les barrières, n'est-ce pas? Excellent! Mais n'oubliez pas la règle numéro un: en sortant des toilettes ou encore de Jacques ou d'Adèle, lavez-vous les mains à l'eau tiède et savonneuse.

Rhonda

DOMINATION 101

Rhonda Butternotch, notre sexologue en résidence,
répond à la question d'une lectrice en émoi.

Chère Rhonda,

Depuis qu'il m'a vue habillée en cuir pour le tournage d'une pub des magasins Dimitri, mon mari est devenu obsédé par l'idée de me dominer sexuellement. Je suis très inquiète car, de un, je ne sais pas ce qui m'attend et, de deux, mon habit de cuir est un peu trop ajusté et me fait suer comme une Inuite en plein Sahara. Mais j'aimerais plaire à mon Rodrigue et, au moment même où je rédige cette lettre, alors qu'il me prend par derrière et que je ne vois pas son visage, je sens tout de même qu'il se morfond. Dois-je craindre la domination, vénérée Rhonda?

Signé: Un papillon qui voudrait redevenir un vermisseau

Cher papillon,

En réalité, vous n'avez rien à craindre de la domination. Il s'agit de la pratique sexuelle la plus sécuritaire qui soit. En effet, poussée à son extrême, la relation entre le dominant et le dominé n'implique absolument aucun contact physique. Rodrigue voudra vous humilier et vous dégrader? Il lui suffira de vous dire que «le repas de ce soir était répugnant». À moins de lui avoir servi des tripes, vous comprendrez immédiatement que vous vous trouvez en plein jeu sexuel. Baissez le regard vers le sol et répondez que «ce sera mieux la prochaine fois, Maître»; il ne lui en faudra pas plus pour le faire éjaculer de toutes ses forces dans l'assiette à dessert.

Un matin où vous voudrez l'exciter au-delà du possible, vous lui confierez votre carte de crédit: un tel geste de soumission abjecte le ravira et qui sait? Il vous offrira peut-être enfin un habit de cuir à votre taille.

À la longue, n'importe quel geste de la vie quotidienne pourra être considéré comme de la soumission et vous comblerez votre homme par votre audace érotique sans même vous en rendre compte: en postant le chèque pour l'électricité, en promenant le chien et même en vous passant la soie dentaire. Félicitations, papillon: des jours glorieux vous attendent!

Rhonda

SECTION 5
POUR EN FINIR AVEC LES MALADIES DE L'AMOUR

MALADIES GÉNITALES : SPÉCIAL HYPOCONDRIAQUES !

Le sexe est un grand terrain miné. Aussi bien vous le dire tout de suite, il existe beaucoup de maladies embêtantes qui se promènent dans la région du slip. Beaucoup plus, en fait, que vous ne pouviez l'imaginer, comme en témoigne ce bref tour d'horizon de maladies méconnues mais néanmoins terribles... et pas aussi rares qu'on pourrait le croire.

1. Vos organes sexuels prennent des rides, se distendent et grisonnent sur les tempes ? Vous souffrez de PROGÉRIA GÉNITALE, une maladie qui fait en sorte que votre vulve ou votre pénis paraissent 20 ans plus vieux que vous. Heureusement, teintures, botox et chirurgies reconstructrices pourront venir à votre rescousse. Si vous manquez de ressources financières, gardez simplement la lumière fermée.

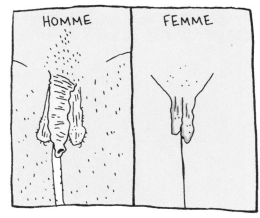

2. Votre blonde se plaint que vous n'arrivez jamais à bien cibler son clitoris ? Ce que l'on confond souvent avec de la stupidité ou du manque de volonté se révèle parfois être le SYNDROME DU TRÈFLE À QUATRE FEUILLES, ou l'incapacité chronique à mettre le doigt (ou autre) sur le clitoris de votre partenaire. Un conseil : cessez de chercher, c'est souvent là que vous trouverez.

3. Peu importe l'habileté de vos partenaires, vous êtes incapable d'atteindre l'orgasme ailleurs que dans une voiture de course ? Vous n'êtes pas le seul. Vous et environ 0,003 % de la population êtes atteint de la MALADIE DE FERRARI. Satisfaire vos besoins primaires risque de vous coûter très cher.

4. Chaque fois que vous baissez votre slip, votre partenaire se croit transporté dans une poissonnerie ? Vous êtes atteint de PISCIOSE, une maladie qui fait en sorte que, malgré vos lavages et frottages intensifs, vos organes sexuels sentent la morue pas très fraîche. Une solution : devenez poissonnier et faites l'amour sur votre lieu de travail.

5. Sitôt après avoir joui, vous ne pouvez vous empêcher de dire « je t'aime » à votre partenaire, ce qui peut entraîner des complications, quiproquos et autres brouillaminis pouvant s'étaler sur de nombreuses années. Il s'agit de l'ÉROTOMANIE POST-ORGASMIQUE. Ne vous sentez pas trop seul, ce mal affecte environ 94 % de la population.

6. Une fille se trémousse à côté de vous comme une véritable Vénus et vous lance des appels non équivoques à venir la rejoindre sur le mont du même nom. Vous sentez l'excitation vous envahir. Agréable, non? Oui, sauf si vous souffrez de DIARHEO EXCITARE. Si c'est le cas, chaque fois qu'on vous titille, les crampes vous prennent et vous devez vous enfuir aux toilettes pour soulager une diarrhée explosive. Essayez de trouver un(e) partenaire ayant un fétichisme associé.

7. «Sophia!», vous écriez-vous alors que vous chevauchez Zoé avec fougue. Aux reproches amers de votre partenaire, vous pourrez arguer que vous souffrez de COÏTUS LAPSUS, une compulsion poussant la personne qui en est atteinte à se tromper de nom lors des relations sexuelles. Fait cocasse: cette maladie est surdiagnostiquée (c'est-à-dire que plus de personnes disent en souffrir qu'il n'y a de cas confirmés).

8. Vous venez de partager des moment précieux avec Françoise et ses jouets sexuels et pourtant vous ne lui donnerez plus jamais signe de vie. Vous passerez pour un goujat alors qu'en réalité vous souffrez d'une terrible maladie: l'ALZHEIMER SEXUEL, qui vous fait tout oublier de la personne avec qui vous venez de faire l'amour. Un conseil pour rester en vie: changez fréquemment de bar de prédilection.

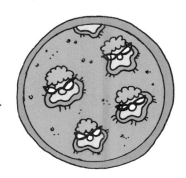

OEDIPUS ERECTUS VU AU MICROSCOPE

9. Pour un homme, peu de maladies sont aussi honteuses que l'OEDIPUS ERECTUS, une affection peu commune mais foudroyante qui consiste à bander quand on entend prononcer le nom de sa mère. Si cela vous concerne, les manuels consacrés à ce sujet suggèrent que vous vous trouviez une petite copine qui porte le même prénom que votre génitrice. Ce n'est pas si terrible — ne dit-on pas que les Yolande sont souvent des perles rares?

10. «Tu m'excites terriblement, mais, avant de nous jeter l'un sur l'autre, pourrais-tu répondre à ces cent cinquante questions de manière détaillée?» Si vous vous reconnaissez dans cette phrase, c'est que vous souffrez de la MALADIE DU FONCTIONNAIRE: avant de baiser, vous faites compulsivement remplir plein de questionnaires médicaux à vos partenaires. Lorsqu'un d'entre eux accepte de se prêter à l'exercice, tâchez de demeurer avec lui pendant au moins quelques années.

SE PRÉPARER AU PIRE

Arrivés à 50 ans, entre 80% et 90% des Américains (et 98% des vedettes de rock) auront contracté une forme ou une autre d'herpès. Le condom ne peut garantir une protection contre cette maladie, qui se transmet par le contact de la peau. Vous n'êtes, mais alors là, pas du tout à l'abri. Découpez vos boutons qui piquent et agrémentez-en cette vulve et ce pénis, juste pour vous faire à l'idée.

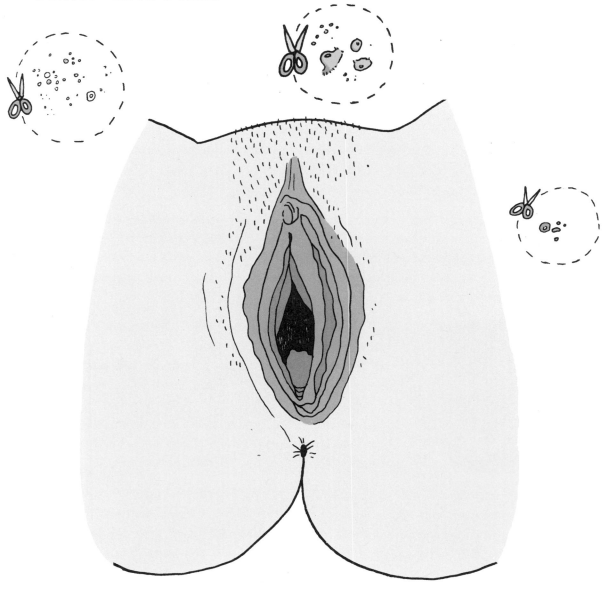

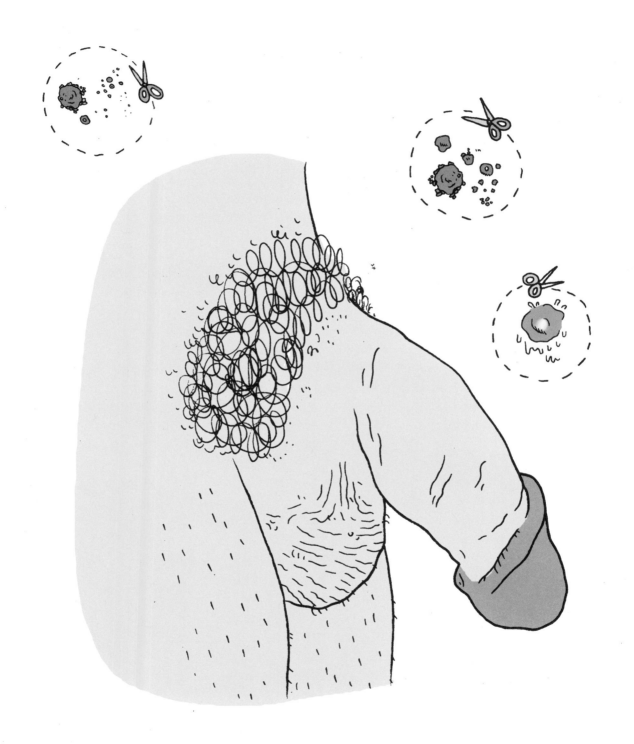

BOBOS RECORDS

Coup de chance...

Brenda Gabor, 28 ans, de l'Arizona, a été consacrée la femme la plus chanceuse au monde par l'Association des porteurs de maladies honteuses anonymes (APMHA). Alors qu'elle allait avouer à Peter Merrick, son mari, qu'elle lui avait probablement refilé une syphilis contractée auprès de son meilleur ami Louis, Peter a fait un faux pas et est tombé dans le Grand Canyon. « Il est mort sur le coup! », s'est réjouie Brenda. Son record de chance bat de peu celui qui avait été établi en 1978 par Francine Limoges (Berlin). Celle-ci n'avait pas eu à annoncer à son ex-amant qu'elle lui avait refilé l'herpès, Georg ayant sombré dans un coma définitif après avoir subi un choc anaphylactique causé par une allergie aux arachides.

... et comble de malchance!

Roy Traversin, un Belge de 32 ans, a contracté une chlamydia par le hasard le plus tarabiscoté jamais recensé dans l'histoire. Après une dispute avec son petit ami Guy, Roy a quitté leur appartement en criant qu'il retournait chez sa mère. Une grève des contrôleurs à la gare de Liège l'a empêché de prendre le train de 19h02 pour Namur. La pile de son cellulaire étant épuisée, Roy n'a pas su que Guy tentait de le joindre pour s'excuser. Il s'est donc retrouvé à bouder au Café des arts. Mais, au lieu de prendre un biscotti comme il avait l'habitude de le faire avec Guy, Roy a commandé une danoise. Les mains souillées par le sucre de la pâtisserie, il a dû aller se laver les mains aux toilettes. C'est en appuyant sur le bec de la bouteille de savon qu'il a contracté la chlamydia. Du moins, c'est ce qu'il a dit à Guy.

Trop romantique?

Ayant appris par le médecin que son inflammation pénienne était causée par une gonorrhée aiguë, Gary Méthot, un Saguenéen de 43 ans, a vu dans cette épreuve une occasion de réaffirmer tout son amour pour sa conjointe, Claudine. Avec l'aide de sa tante couturière, il s'est fabriqué un costume à l'image d'une cellule de gonorrhée. Ainsi déguisé et muni d'une douzaine de roses rouges, il a entonné sous les fenêtres du domicile conjugal une ballade de son cru: *Prends garde aux épines de ces roses/Même si elles ne piquent pas autant/Que les fruits de mon amour pour toi/Ceux que j'ai dû cueillir chez Rita/Un soir d'égarement.* Claudine avait elle-même été consulter son médecin la veille; elle accueillit Gary déguisée en fusil de chasse. Ils ont divorcé depuis.

MÉMO PRATIQUE POUR MOMENTS EMBARRASSANTS

À _____

PENDANT QUE VOUS ÉTIEZ ABSENT(E)

☐ Votre conjoint
☐ Votre ex _____
☐ Votre *one-night stand* _____
☐ Votre ami(e) avec bénéfices _____
☐ Votre voisin(e) _____
☐ Autre _____

A ESSAYÉ DE COMMUNIQUER AVEC VOUS

☐ Sans enthousiasme
☐ D'urgence
☐ Sur avis du médecin
☐ Même si son instinct lui crie de faire le contraire
☐ Toutes ces réponses

POUR VOUS ANNONCER QUE

☐ Ça va chier dans les ventilos

⍜⍉⍜

VOUS ÊTES CORDIALEMENT INVITÉ À

☐ Fondre en larmes
☐ Sacrer
☐ Plonger dans le déni
☐ Briser quelques assiettes
☐ Consulter un médecin
☐ Toutes ces réponses

SI VOUS RESSENTEZ UN OU PLUSIEURS DES SYMPTÔMES SUIVANTS

☐ Ça vous pique dans la région du slip
☐ D'horribles boutons tout rouges vous envahissent les parties
☐ Vous êtes témoin d'écoulements suspects (pas au niveau du nez)
☐ Vous avez l'impression d'uriner des clous à parquet Arrow de 25 mm
☐ De drôles de bestioles se promènent dans votre forêt tropicale
☐ Vos testicules ont triplé de volume
☐ Vous saignez même entre deux visites des communistes
☐ Votre teint rappelle celui du citron bien mûr
☐ Vous développez des verrues plantaires, mais pas sur les pieds
☐ Vous allez très bien (pensez-vous)
☐ Toutes ces réponses

⍜⍉⍜

LA PERSONNE QUI VOUS LAISSE CE MESSAGE VOUS PRIE DE

☐ Ne pas rappeler

S'IL EXISTAIT
UNE PETITE PILULE MAGIQUE...

qui vous ferait vous consumer de désir
à la moindre caresse de votre partenaire,

qui vous donnerait le pouvoir de convaincre les filles
que l'amour à trois, c'est naturel,

qui ferait tomber tous vos poils
et vous soulagerait du besoin de vous épiler constamment,

qui donnerait bon goût à votre sperme,

qui vous ferait vous sentir aimé(e) par l'inconnu(e)
que vous avez ramené(e) du bar,

qui ferait grossir ou rapetisser votre pénis
au gré de vos humeurs (d'accord, seulement grossir),

qui donnerait aux parties vaguement aubergines
de votre vagin une émouvante teinte rosée,

qui éradiquerait les maux de tête
ou la fatigue écrasante même les soirs de semaine,

qui vous permettrait d'oublier enfin ce moment humiliant
où votre nouvel amant a trouvé de la mousse de nombril
dans la raie de vos fesses,

qui vous donnerait l'assurance de réaliser
des cunnilingus parfaits,

qui ferait fuir les vilains morpions
et guérirait votre herpès pour de bon,

qui vous ferait oublier de vous regarder dans le miroir
et d'haïr votre corps lorsque vous vous déshabillez,

et qui vous ferait jouir toujours plus fort,
encore et encore,

PRENDRIEZ-VOUS CETTE PETITE PILULE ?

Eh bien, Mesdames et Messieurs,

LA PETITE PILULE MAGIQUE^MD EXISTE !

Et elle fait tout cela, et bien plus encore !

Mise au point par une équipe de chercheurs suédois,
la Petite Pilule magique^MD vous promet de régler
TOUS vos problèmes sexuels

SIMPLEMENT, RAPIDEMENT
et sans AUCUN EFFORT DE VOTRE PART !

La perfection sexuelle sans faire d'efforts, c'est possible, grâce à la Petite Pilule magique^MD !

En quelques jours seulement, la **Petite Pilule magique**^MD a transformé mes angoisses, mon désespoir, mes attaques de panique et ma ridicule émotivité en PARFAITE SÉRÉNITÉ. De plus, elle m'a enfin donné les BELLES PARTIES GÉNITALES dont je rêvais depuis toujours !

CONVIENT À TOUS LES BUDGETS !!!
29,99 $
POUR UNE BOÎTE DE 12

*Graves contre-indications pour les groupes suivants: les hommes de douze à quatre-vingt-quatorze ans, les femmes de treize à cent douze ans, les mammifères, les hétérosexuels ayant une relation sexuelle par semaine en moyenne, les homosexuels caucasiens ainsi que les autres, les personnes ayant ou n'ayant pas porté de lunettes, les gens ayant souffert de troubles cardiaques ou encore qui possèdent un cœur, les personnes fréquemment en contact avec les chats, les chiens, les chevaux et les chaises. Avant de commencer à prendre les Petites Pilules magiques^MD, il est fortement recommandé de consulter un entrepreneur en pompes funèbres.

UNE PILULE MIRACLE, ÇA FERAIT QUOI POUR VOUS?

 Disparaître ma fatigue!

 Avoir plus de courage de faire les premiers pas.

 Ça ajusterait mon vagin à la grosseur du pénis du garçon!!!

 Ça empêcherait mes poils de jambe de repousser
et je n'aurais plus besoin de me raser, jamais, jamais.

 Rester jeune pour toujours. Ça n'a peut-être pas rapport avec le sexe mais j'aurais
adoré stopper mon vieillissement à trente ou trente-cinq ans.

 Une pilule pour les célibataires, ça serait bien, parce qu'ils ont des besoins eux aussi,
les pauvres petites bêtes, et ils n'ont pas tout le temps la chance d'avoir quelqu'un
pour les combler. Alors, ça serait un peu sur le même principe qu'une lampe magique:
un gars (dans mon cas) apparaît, relation sexuelle et hop, il disparaît. Bien sûr, ça
serait beaucoup moins agréable qu'en vrai, mais ça serait déjà ça.

 Avoir un orgasme aussi facilement qu'un gars.

 Me faire jouir en l'avalant!

 Tuer toutes les MTS?

CORRIGÉ DE LA PAGE 28

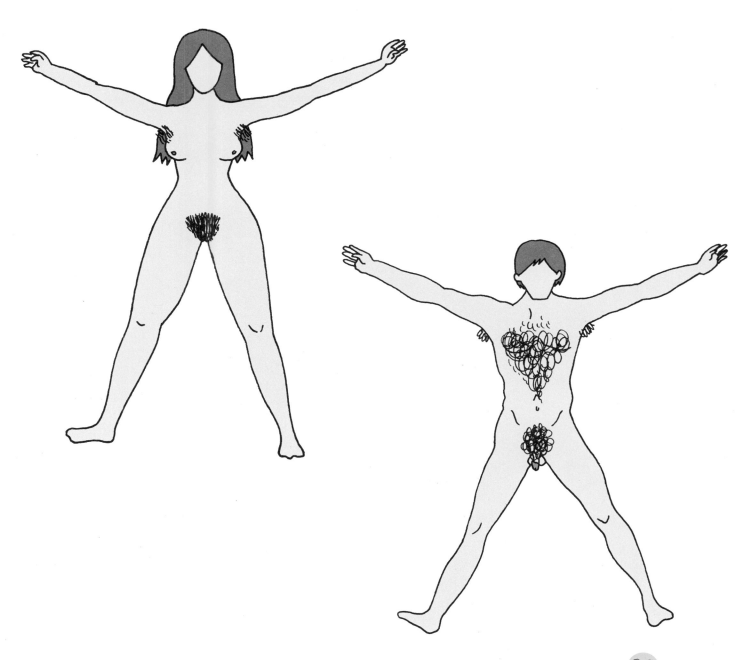

TABLE DES MATIÈRES

COMPOSÉ EN IRIS
SELON UNE MAQUETTE RÉALISÉE PAR PIERRE-LOUIS CAUCHON
POUR EN FINIR AVEC LE SEXE
A ÉTÉ ACHEVÉ D'IMPRIMER EN AOÛT 2011
SANS JAQUETTE ET SANS PUDEUR
SUR LES PRESSES DE LITHOCHIC À QUÉBEC
POUR LE COMPTE DE GILLES «TOUCHETTE» HERMAN
ÉDITEUR À L'ENSEIGNE DU SEPTENTRION